PSE
Economics

心靈環保
經濟學 增訂版

釋果光 —————— 著

創造幸福經濟

　　經濟發展是目前全球各國的重要課題,為了改善經濟現況,許多專家學者相繼提出各種解決方案,但至今仍找尋不出突破瓶頸之道。值此之際,果光法師在新書《心靈環保經濟學》中提出的經濟思惟,恰為近來低迷的經濟提供一反思的方向。

　　臺灣需要覓得經濟再造的契機,而正當各國都以國內生產總值(Gross Domestic Product,簡稱GDP)做為經濟成長指標,我們卻發現人民的平均GDP與幸福感,並不能畫上等號。如果能參考本書的主張,讓臺灣未來的經濟發展,以促進大眾共同的福祉為方向,我們將可一起擁有美好的經濟生活。

　　本書作者果光法師擁有專業的經濟學背景,且

長期在法鼓山承擔行政管理職事，他提出以「心靈環保」為主軸的經濟思惟，主張從「心」出發，幫助人類開闊心量，由個人的欲望轉向無我的利他，運用佛法的慈悲與智慧來處理經濟問題，為社會謀求最大福利，其所建構的「利和同均」理想經濟體系，對提昇經濟發展十分具有參考價值。

在力拚經濟、追求幸福的時代，「心靈環保經濟學」展現少欲的智慧、利他的慈悲，讓個人、企業不會只追求各自的幸福，而能致力回饋社會，相信在這份心靈環保的帶動力量下，將使得世界和諧、地球永續。

中華民國第十二屆副總統

二〇一三年十二月十七日

利人利己的經濟目標

　　法鼓山果光法師最近所撰寫的《心靈環保經濟學》，提出了許多值得探討的觀點。基本上，作者是從佛教教義的出發點，對於經濟運作的邏輯與原則，提出主觀的分析與期待。一般讀者當能想像，從佛教教義切入的經濟分析，必然與傳統坊間的經濟學分析不同。個人沒有足夠的佛學素養去做斬釘截鐵地論斷；但是我認為這兩種經濟觀點最根本的差異，就是對經濟行為的目的，做了不同的假設。

　　傳統坊間經濟學假設人是在追求自利極大，其在消費者而言是追求效用滿足之極大，在廠商而言則是追求利潤銷售之極大。但是從佛教教義而言，理想的終極目的當然是寂滅涅槃，依此目的下所推

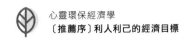
演出來的經濟行為，自然會與傳統經濟學分析所強調的自利極大不同。

　　文獻上與這本書比較接近的論著，是二〇〇六年諾貝爾和平獎得主穆罕默德・尤努斯（Muhammad Yunus）所寫的《社會型企業：解決人類最迫切需求的新資本主義》（*Building Social Business: The New Kind of Capitalism that Serves Humanity's Most Pressing Needs*）。他在孟加拉等地推動微型無擔保貸款，協助當地貧窮人民能有小額金錢買種子、做編織，漸漸能脫離貧困與疾病之苦；微型貸款銀行，就是尤努斯所提倡的社會企業之一例。與果光法師一樣，尤努斯也並不反對市場運作的遊戲規則，而是對基本的個人目標做出不同的假設。我也曾經做過研究，分析尤努斯這種「社會企業」的作法與「善心資本主義者」如華倫・巴菲特（Warren Buffett），究竟何者較能對貧困者的福祉提昇做出貢獻。這當然只是理論面的探索。在現實社會中，更大的限制是：恐怕絕大多數資本主

義下的企業家，不會像巴菲特那樣願意簽下捐贈契約吧。

許多人也許會覺得，傳統經濟學中與佛學比較接近的概念，似乎是永續發展；但是這裡也有些誤解。傳統經濟學裡所謂的永續，指的是「下一代子孫的選項不應比我們這一代來得少」。因此，傳統經濟中的永續觀念，只是形成這一代決策的一些限制，要求我們這一代的生產消費，不能以損害後世子孫選項為代價。但是骨子裡，永續概念並不排斥追求自利極大的取向，只是略做壓抑，排除了一些「竭澤而漁」的極端而已。

果光法師論述心靈環保經濟學，其主張呈現在現實社會的生活與秩序面向，與傳統經濟學的差異不可謂不大。但是如前所述，我認為最基本的差異，就是經濟行為的目的。讀者若能從佛學經典中多探索寂滅涅槃的意義，就比較能理解法師論述的核心，也更能掌握其著述此冊之本旨。

因為自己對佛學要旨掌握有限，不敢妄然為

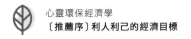

序，僅將管見一二陳述如上，供讀者酌參耳。

朱敬一

中央研究院院士、經濟研究所特聘研究員

二〇一三年十一月二十一日

推薦序

新生活主張：心靈環保經濟學

　　人類為維持生活，必須覓取物資，並將其有限的資源，加以分配，但有限的資源，日益不足支應人類欲望的無底大洞。物質生活不斷提昇，資源消耗及浪費愈加嚴重，即如我們日常生活食衣住行也隨處在過度消耗而不自覺，如吃到飽餐廳林立、衣物不舊即丟、3C 產品不斷換新，奢華時尚成為常態，我們如無自覺，就只是由著欲望支使。誠如聖嚴師父所言：想要的很多，但其實真正需要的並不多。

　　欲望驅動的經濟所產生的後果，在齊柏林導演的空拍紀錄片 —— 《看見臺灣》赤裸裸地呈現出來。臺灣，原是人稱福爾摩沙的美麗島嶼，有奇偉山嶺、瑰麗海洋，如今我們看到了整片因為濫墾栽

植經濟作物或挖沙土而光禿禿的山壁，汙染成黑色
的河川溝渠，滿布消波塊的海岸線，大片大片抽取
地下水的魚塭，堆在海岸邊的垃圾山……，一一皆
令人怵目驚心。

　　本書正巧為我們提供了省思的方向。法鼓山
僧伽大學副院長果光法師指出，推行「心靈環保經
濟」是解決當代經濟情勢及地球危機最根本的方
式。一切要從心靈做起，書中果光法師深入闡釋聖
嚴師父提倡的心五四經濟生活；也就是要有四它的
態度，四要的消費，四福的生產，四安的分配與四
感的財富等「心靈環保」的觀念。

　　心靈環保落實在生活中的作法，本書一一詳
述。簡而言之，生活的態度是四它，當我們碰到問
題就面對它、接受它，處理它，不要躲避，而當事
情過了就得如飛鳥行空，不留痕跡，放下它，不執
著。書中也告訴我們，消費的時候如何克制貪欲？
要時時自問：真有那麼需要嗎？謹記：有需要的、
該要的，才能要，這就是有正念的消費觀念。而對

已擁有的要知福、惜福，對尚未得到的要種福和培福，生產有利於大眾的產品與服務。

　　還有對於分配問題，布施周濟是所得流動分配的一種方式，才能「利和同均」；而環保經濟學對財富的觀念，是由物質擴大到心靈，強調心靈的財富才是真正的財富。

　　快樂是人人追求的人生目標，本書引領我們，達到目標的方式不再是追求最大欲望的滿足，而是要走上少欲、利他的經濟生活，朝向涅槃、離苦得樂之方向，精神層面滿足才有真正的快樂。

　　感謝果光法師在本書深入探討當今世界經濟活動的模式及癥結，並提出二十一世紀的生活主張，以期人人得到真正的快樂、平安、健康與幸福，值得大家體會與閱讀。

詹仁道
前泰山集團總裁
二○一三年十二月四日

⟡ 增訂版自序 ⟡

散發因陀羅網的光輝

　　法鼓文理學院校園禪林小徑的樹蔭下、石板地上，擺上一個茶席，師生圍坐茶席，一邊品嘗在地的紅茶、咀嚼著裸食茶點，同學們分享著這個學期來，調整經濟行為的行動方案構想、執行過程的體驗及感受。樹林間的蟲鳴鳥叫聲，與師生的歡笑聲，迴盪林間，交織出動人的黃昏光景。

　　是的，這是這學期心靈環保經濟學課程圓滿的一幕！距離初版《心靈環保經濟學》一書，轉眼十年。

　　十年來，個人持續在法鼓文理學院佛教學系及人文社會學群社會企業碩士學位學程，開設佛教經濟學或心靈環保經濟學課程。在教學的場域中，同學們從第一堂課的好奇：心靈環保或佛法與經濟學

有何關係？透過相關書籍、論文之閱讀，各種案例的分享，還請同學們各自設計一個行動方案，嘗試在學期當中改變經濟行為。有的同學在消費行為上調整，素食、減塑、省水、節能、調整洗潔劑、或各種環保用品，有的進行自然農法耕種，在家、在學校的培福園地，甚至有幾位同學一起到宜蘭租地耕種。今年還有位同學在消費的同時，也儲存累積小額款項，隨時做布施。一個學期下來，聆聽同學們分享利他、照護地球的想法與身體力行，感受到一種由內心轉化而帶動行為轉化的效應。

除了此領域的教學，也鼓勵佛教徒經濟學者進行相關研究，在幾位學者們的持續努力下，佛法與經濟學的跨領域對話，已逐漸為人所熟悉，並陸續舉辦了佛法或心靈環保跨領域的學術研討會。

回頭看十年前為報師恩所寫的這本著作，內心總希望能補充的更為充實，一是心靈環保的思想根源，曾與常諗法師共同爬梳撰寫於〈漢傳禪佛教的當代實踐〉一文中，感謝法師同意將此節收錄於

本書中，這次再做了修潤與補充。另外是聯合國於二〇一五年提出十七項永續發展目標（SDGs），值得分析心靈環保經濟行為與永續發展目標的關聯性，若能將貪、瞋、癡煩惱轉為一念心清淨，帶來身、口行為清淨，擴展至環境清淨，淨土便在眼前，多項永續發展目標自然達成。兩個面向的補充，使本書在思想源頭上更深入紮實，對於現代永續發展的運用更加具體。

反思三十年前對主流經濟學困惑的自己，走上出家修行之路，一路向內心探索，十多年前為報師恩而開展「心經濟」領域，近兩年投入環境教育，將禪法融入課程中，體會到自己與眾生、大自然的連結，如因陀羅網之深化、擴展，微妙而不可思議！祈願現前一念的善心如因陀羅網展開，帶給地球、宇宙光輝！

二〇二三年六月二十八日

⇔ 自序 ⇔

心經濟思潮

這本書在充滿意外與驚喜中出版了！書的內容表面上呈現著邏輯性的闡述，實則蘊含著個人的生命故事、價值觀、經濟生活體驗、及對恩師的一份緬懷。

大學時代主修農業經濟，寒暑假時，除了到農村、漁村做調查，也到中央研究院經濟研究所擔任臨時研究助理。碩士班時，參與中華經濟研究所有關砂糖產業的研究計畫。一九八〇年代，熱衷於經濟計量模型建構與分析、價格預測，曾參與行政院農業委員會農業計量模型的建構。其後，隨著師長、同學的腳步，赴美留學，取得農業經濟學博士學位，持續農產品價格預測的研究。這樣的學術歷程，卻在一九九二年底遇到恩師聖嚴師父後，畫下

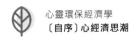

了句點。

　　追求心靈的成長，始於大學時代親近印度瑜伽團體，素食、打坐成為生活的一環；留學後因緣際會接觸佛法、學習禪修。多年的修行生活，不斷地感受到人類可以有異於追求最大效用、最大利潤的經濟行為，也開始思索佛教的經濟思想是什麼？

　　一九九三年隨聖嚴師父返臺，一九九五年剃度出家後，曾至國立空中大學擔任面授老師，面授過個體經濟學、產業經濟學、經濟政策等課程。猶記得每學期第一次面授時，一踏入教室，總會見到一雙雙訝異及懷疑的眼神，我篤定地告訴學生：「大家都沒走錯教室，我是這堂課的老師。」出家人教授經濟學，讓人有種不協調的感覺，心裡想著：何時能教授佛教經濟學？

　　二〇〇九年恩師圓寂，我藉由深入師父的思想、實踐師父的理念，來緬懷師恩；透過教學、閱讀、寫作，也自生活中實踐，不斷地體會「心靈環

保」的思想深度與當代的適應性。也開始思索師父
所提出：

> 各領域與現代的心靈環保結合，才能夠把許
> 多的差異性利益，匯歸於全地球、全人類永續
> 的共同性利益。

這正是世界經濟風暴、金融危機持續的年代，
也是食品安全、企業倫理面對挑戰的時期，我想起
年輕時曾有的疑惑，也想起在空大面授時的心願，
決定開始深入此議題。我想知道佛教中經濟思想源
頭，更思考如何運用在現代生活中？將近二十年的
出家生活，讓自己充分體會到這樣一個全然異於新
古典經濟學假設的行為模式，帶給自己的單純、安
定、喜悅，是值得分享給大眾的。

二〇一一年在 IABS 國際佛學會議第十六屆
大 會（XVIth Congress of the International Association
of Buddhist Studies）中先以英文發表了探討僧團

利和同均的論文：〈利和同均〉（"Cordiality in Sharing"），二〇一二年的聖嚴思想研討會以中文擴展完成了這篇論文，其後於《人生》雜誌連載刊登，也結集於《聖嚴研究》第四輯。此篇論文發表後，八月份藉由赴美國弘講的機會，分別在舊金山、芝加哥、俄州哥倫布市，分享這個主題。九月份在「心靈環保學習網」的「法鼓講堂」做了三堂線上課程的講授，接著也在法鼓佛教學院（編案：法鼓佛教學院於二〇一四年八月一日與法鼓人文社會學院併校，更名為法鼓文理學院。）開設了「佛教經濟學」這門課。個人還參與了在比利時召開的工作坊，看到西方對此議題的熱忱，更希望能積極帶動國內外的心經濟思潮。

當法鼓文化提出想出版這本書時，個人感到訝異，原計畫是等有更足夠的篇幅及更豐富的內容後再出版。然編輯的腳步似乎並沒有停下，甚至主動地邀約蕭萬長副總統、朱敬一院士、詹仁道總裁、平路女士推薦。感動編輯們的用心，更感恩幾位知

名人士願為這位素昧平生,名不見經傳的出家人撰
文推薦,驚喜之餘,提筆分享撰寫這個主題及出版
的因緣,也祈願出版過程中的每一份善念,能為地
球甚或宇宙帶來福祉。

二〇一三年十二月二十二日

目次

CHAPTER 1

心靈環保的思想根源

CHAPTER 2

心靈環保經濟學之思想

CHAPTER 3

心靈環保經濟學之實踐

CHAPTER 4

心靈環保經濟學
的時代意義

表目錄

前言

　　二十一世紀二〇年代，世界經濟情勢受到三大因素衝擊，一是新冠狀病毒（COVID-19）疫情全球大流行、二是俄羅斯與烏克蘭戰爭、三為通膨帶動的全球貨幣緊縮，且三大因素交互影響使結果更加惡化。[1] 從二〇一九年底全球爆發新冠病毒疫情至二〇二二年趨於平緩，病毒之高傳染率、高死亡率，各國封關、封城措施，嚴重影響勞動市場、製造業、服務業、餐飲業、旅遊業、運輸業等。二〇二二年二月初俄羅斯對烏克蘭發動攻擊，引發俄烏戰爭並持續膠著；歐美各國對俄羅斯的經濟制裁措施，而全球主要石油、天然氣輸出國之一的俄

1　參　考 United Nations, *World Economic Situation and Prospects 2023*, New York, 2023；孫明德、方俊德，〈2023 年全球經濟展望〉，《工總產業雜誌》，民國 112 年 1 月。

羅斯，乃以能源供給做為武器，導致油價飆高；戰爭亦影響農作之生產及輸出，糧食不足及價格升高，均造成生活成本上升。此時，氣候變遷危機持續，熱浪、野火、洪水和颶風在許多國家造成了巨大的經濟損失，世界經濟的重創。疫情、戰爭、災難對經濟局勢的衝擊，加劇了通貨膨脹，導致金融狀況趨緊，放大了金融脆弱性，並加劇了政策不確定性。

二〇二三年一月於瑞士達沃斯（Davos, Switzerland）舉行之「世界經濟論壇」（World Economic Forum，簡稱 WEF）[2]，主題是「碎片化世界的合作」（Cooperation in a Fragmented World），俄烏戰爭和新冠肺炎疫情引起的能源危機、糧食短缺與

2　世界經濟論壇（俗稱達沃斯論壇），是一個非營利性組織，由現任主席、日內瓦大學商學院教授 Klaus Schwab 於 1971 年創立（原名歐洲管理論壇 European Management Forum，1987 年改名），總部設在日內瓦，結合了全世界一千多個大企業為他們的會員。世界聞名的「達沃斯論壇」每年聚集最高端全球商界、政界、學術界和各界領袖人物，討論世界所面臨最緊迫的問題。

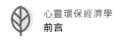
通貨膨脹，成為最緊迫的全球問題，正尋求著突破性的解決方案。

　　早在二〇一二年的論壇，便曾以「大轉型：型塑新模式」（The Great Transformation：Shaping New Models）為主題，激烈討論：「二十世紀的資本主義制度，能否適應二十一世紀的現實？」這個在二十世紀未被質疑的主流經濟制度，在長期經濟發展過程中，大量的開發地球資源，雖帶給人類生活上更多的便利及欲望的滿足；卻同時也帶來對地球及人類的負面影響，如地球生態的破壞、環境的汙染、能源的危機、人類關係的疏離等等；今日所面臨經濟活動失序所引來的物價波動、供需失衡、高失業率、貧富懸殊、資源分配不均、金融風暴乃至經濟衰退等問題，已讓政府及專家們省思二十世紀以來經濟發展之問題根源所在。到了二〇一五年，聯合國宣布了「二〇三〇永續發展目標」（Sustainable Development Goals, SDGs），包含十七項核心目標（見附表一），其中又涵蓋了一六九項

細項目標、二三○項指標,呈現出經濟、社會、環境的關聯性,指引全球共同努力、邁向永續發展。然而,二○二二年,世界經濟在接近實現二○三○年永續發展目標中點之際,遭遇了上述一系列嚴重且相互疊加的衝擊。[3]

　　面對全球的情勢,儘管大多數的政治、經濟、企業人士,仍維護資本主義;西方主流經濟制度所面臨的挑戰實與日俱增。東、西方經濟學者,早已不斷地尋求資本主義以外的解決方案,如德裔英國經濟學家修馬克(Ernest Friedrich Schumacher)[4] 於一九五五年提出「佛教經濟學」一詞,一九六六年發表〈佛教經濟學〉("Buddhist Economics")一文,

---

3　見 United Nations, *World Economic Situation and Prospects 2023*, New York, 2023。

4　Ernst Friedrich Schumacher(1911-1977):出生於德國,1930 年至英國牛津大學求學,之後至美國哥倫比亞大學取得經濟學學位。曾擔任英國國家煤礦局首席經濟顧問。他的名著 *Small Is Beautiful: Economics as if People Mattered*,中譯本由李華夏教教授翻譯,立緒出版社出版,1990 年初版之書名為《小即是美:M 型社會的出路》,2019 年書名改為《小即是美:一本把人當回事的經濟學著作》。

並收入一九七三年出版的《小即是美》（*Small Is Beautiful: Economics as if People Mattered*）一書，展開佛教的思想與觀點對經濟學之深遠影響。

　　全球知名的漢傳佛教禪師，法鼓山創辦人聖嚴法師（以下簡稱法師）則於一九九二年提出超越於資本主義、共產主義或社會主義的「心靈環保」理念，並於跨入二十一世紀之際，積極參與世界性國際會議：二〇〇〇年之「世界宗教暨精神領袖和平高峰會」（UN Millennium World Peace Summit of Religious and Spiritual Leaders），二〇〇二年之「世界經濟論壇」（WEF）、世界宗教領袖理事會（The World Council of Religious Leaders，簡稱 WCRL）、全球女性和平促進會（The Global Peace Initiative of Women，簡稱 GPIW）、地球憲章（Earth Charter），二〇〇四年之世界青年和平高峰會（World Youth Peace Summit，簡稱 WYPS），及二〇〇五年世界銀行（World Bank）舉辦的「信仰暨發展領袖會議」（Leaders Meeting on Faith and

Development）等國際會議。在會議中，向全世界呼
籲以「心靈環保」為主軸，來解決今日世界人類的
共同問題，受到與會人士的普遍認同。這不僅是宗
教議題，更是解決世界經濟問題的觀念與實踐方
法，筆者將此範疇命名為「心靈環保經濟學」。

　　然而，法師所提出的「心靈環保」是否能影響
現代人的經濟行為？是否與佛陀所指導的經濟生活
原則一致？佛陀的教法如何在當代社會實踐？以及
「心靈環保」是否能解決當代所面臨的經濟情勢、
地球危機？這些即為本書所要探討的問題。為探究
上述問題，本書就「心靈環保」經濟學之思想與實
踐兩個面向論述之。

　　首先，溯源「心靈環保」之思想根源，包括
經典中的心靈環保思想、禪宗祖師的心靈環保思
想，以及心靈環保的當代實踐與如來藏思想。第
二，探討心靈環保經濟學之思想根源 —— 佛教經
濟思想，故先敘述由佛教經濟學至心靈環保經濟學
之發展背景，再追溯原始佛教的經濟生活方式，包

括對出家及在家的經濟生活指導,並介紹佛教經濟
的思想核心。第三,考察心靈環保經濟學之實踐,
即法鼓山如何以「心靈環保」為核心,佛法、禪法
為基礎,透過「心五四」之生活主張,指導法鼓山
僧團、在家居士們,乃至非佛教徒,以「四它」面
對當今的經濟現況、建構「四要」消費、「四福」
生產、「四安」分配的經濟體系,並擁有「四感」
的心靈財富;亦即過著少欲知足、利他的生活;並
比對西方主流與「心靈環保」、佛教之經濟生活體
系。最後,從上述的經濟思想與生活實踐,總結出
「心靈環保」對當代「倫理」、「環保」、「永續
發展」的影響與意義。

CHAPTER 1

心靈環保的
思想根源[1]

　　法師於一九七九年開始建立僧團，一九八九
年開創法鼓山，提出「環保，從心做起」的觀念。
一九九○年宣揚法鼓山的理念「提昇人的品質，建
設人間淨土」，一九九一年於法鼓山護法會「勸募
會員聯誼會」上首次提出「法鼓山的共識」，一
九九二年為環保淨化年，提出「心靈環保‧淨化人
心」的理念，主張淨化社會的目標，就從每個人的
心靈淨化做起，正式推動「心靈環保」。[2] 此後，
一九九四年推出「四環」[3] 主張；一九九五年提倡
「四安」[4]、「四它」[5]，再加上一九九八年提出

1　本章節取自釋果光、釋常諗〈漢傳禪佛教的當代實踐 —— 聖嚴
　　法師的「心靈環保」〉，《聖嚴研究》第二輯，臺北：法鼓文
　　化，2011 年，頁 251-301。經共同作者常諗法師同意，將本論文
　　之〈「心靈環保」的思想根源〉章節（頁 251-267）做增訂，收
　　錄於本書中。

2　法鼓山全球資訊網「年度主題 —— 1992 環保淨化年」，取自
　　https://www.ddm.org.tw/default-motif/xmnews/cont?xsmsid=
　　0L307490309836748182&sid=0L307533788706505611。參考林
　　其賢編撰，《聖嚴法師年譜》：「西元一九九二年……法師於今
　　年提出「心靈環保」，希望每個人都從心靈淨化做起，才能達到
　　淨化社會之目標。」《聖嚴法師年譜》，臺北：法鼓文化，2016
　　年，頁 788。

3　四環：心靈環保、禮儀環保、生活環保、自然環保。

之「四要」⁶、「四感」⁷、「四福」⁸，於一九
九九年將上述五個實踐的方法，整合成為「心五四
運動 —— 二十一世紀的生活主張」；到了二〇〇
七年，進一步提倡「心六倫」⁹。法鼓山的理念，
經由這些年來的推動，而形成了一個完整的理念體
系（見附表二），並以「心靈環保」為核心主軸，
提昇人的品質、建設人間淨土為理念、方向。

　　法師在《承先啟後的中華禪法鼓宗》一書中
說明：「多年來的我，即以漢傳的禪佛教為背景，
將禪佛教的觀念及方法，轉化成一個新名詞，叫作
『心靈環保』，又以『心靈環保』為主軸，來推動
『提昇人的品質，建設人間淨土』的理念，再以三
大教育來達成此一理念的實現。」¹⁰

4　四安：安心、安身、安家、安業。
5　四它：面對它、接受它、處理它、放下它。
6　四要：需要、想要、能要、該要。
7　四感：感恩、感謝、感化、感動。
8　四福：知福、惜福、培福、種福。
9　心六倫：職場倫理、校園倫理、生活倫理、自然倫理、家庭倫
　　理、族群倫理。

　　漢傳禪佛教的源頭為印度佛教，佛教從印度
傳至中國，形成三個宗派：源於龍樹中觀學之三論
宗，源於無著、世親唯識學之瑜伽宗，以及律藏之
四律五論建構律宗，再開展為大、小乘十宗。而在
中國受到漢文化的影響，將印度佛教重新組織的，
是天台宗及華嚴宗；兩個宗派的教義及修行次地均
有嚴謹的組織系統。禪宗則吸收天台及華嚴的教義
與禪觀的精華，禪宗最主要的經典為《楞伽經》、
《金剛經》、《維摩經》[11]。法師於一九九八年五
月與達賴喇嘛對談之前，草擬〈漢傳佛教傳承發展
系統表〉，將此脈絡整理得非常清晰，可參考俞永
峰及辜琮瑜之論著。[12]

10　參考釋聖嚴，《承先啟後的中華禪法鼓宗》，《法鼓全集》第 9
　　輯第 7 冊，臺北：法鼓文化，2020 紀念版，頁 44。

11　參考釋聖嚴，〈中國佛教的清淨智慧〉，《漢傳佛教的智慧生
　　活》（修訂版），《法鼓全集》第 5 輯第 8 冊之一，臺北：法鼓
　　文化，2020 紀念版，頁 24-26。

12　參考 Jimmy Yu, *Reimagining Chan Buddhism: Sheng Yen and the Creation of Dharma Drum Lineage of Chan*, New York: Routledge, 2022, pp. 100-108。以及辜琮瑜，《聖嚴法師心靈環保學意義與開展》，臺北：法鼓文化，2022 年，頁 53-57。

　　法師將漢傳禪佛教的觀念及方法轉化為現代化的新名詞「心靈環保」，目的在適應現代時空背景，避免佛教傳統給人迷信、消極、厭世、度亡、不生產、分利分子等的負面刻板印象[13]，用現代人可以理解與認同的環保概念，將禪佛教轉化為現代人可理解與生活中可被實踐的行動方案。法師對「心靈環保」的詮釋為：

　　所謂「心靈環保」，是一個現代的名詞。其實，佛教很早就主張，要把我們的心清淨，必須將煩惱心淨化，成為智慧心，這就是心靈的環保。[14]

13　參考釋聖嚴，《聖嚴法師學思歷程》，《法鼓全集》第 6 輯第 15 冊，臺北：法鼓文化，2020 紀念版，頁 46；釋聖嚴，《禪門》，《法鼓全集》第 4 輯第 10 冊，臺北：法鼓文化，2020 紀念版，頁 182；釋聖嚴，《教育‧文化‧文學》，《法鼓全集》第 3 輯第 3 冊，臺北：法鼓文化，2020 紀念版，頁 149。
14　釋聖嚴，《福慧自在 —— 金剛經講記與金剛經生活》，《法鼓全集》第 7 輯第 2 冊，臺北：法鼓文化，2020 紀念版，頁 104。

　　「心靈環保」為將煩惱心淨化為智慧心，也就是由染汙心成清淨心，或用「心清淨」來表達「心靈環保」的意涵，此點出了如來藏自性清淨心之立場。

　　此外，法師將環保，分為三個層面：保護物質的自然環境、保護人間的社會環境、保護自我的內在環境[15]。保護物質的自然環境，為一般環保的理念及作法；社會環境，指的是社會倫理關係，包括家族倫理、社會倫理，乃至於職場倫理、政治倫理等。人與人之間的關係，需要有倫理的保護和保障，也就是保護人間的社會環境；自我的內在環境，則是指心理活動和精神活動，佛教認為人的心有「染」和「淨」，「染」是煩惱，「淨」是智慧，保護自我的內在環境也就是心的淨化。

　　依此，以「心清淨」為主軸，探索「心靈環保」於漢傳禪佛教的思想脈絡：首先探討經典中的

15　同上，頁98-103。

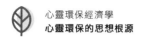

心靈環保思想，再進入禪宗祖師的內心世界一探其
心靈環保思想，最後開展出心靈環保為如來藏思想
之當代實踐。心靈環保之思想根源脈絡如下表：

表一 **心靈環保之思想根源**

文獻		心靈環保之思想根源
經典中的心靈環保思想		
《增一阿含經》		諸惡莫作，眾善奉行，自淨其意，是諸佛教。
《維摩經》	〈佛國品〉第一	隨其心淨則佛土淨；直心是菩薩淨土。
	〈菩薩品〉第四	直心是道場，無虛假故。
《金剛經》		應無所住，而生其心。
		應如是生清淨心；應生無所住心。
《華嚴經》	〈夜摩天宮菩薩說偈品〉第十六	心佛及眾生，是三無差別。心如工畫師，畫種種五陰。
	〈夜摩宮中偈讚品〉第二十	應觀法界性，一切唯心造。

（續）

文獻		心靈環保之思想根源
禪宗祖師的心靈環保思想		
六祖惠能《六祖壇經》	〈行由〉第一	菩提自性,本來清淨;但用此心,直了成佛。
	〈般若〉第二	常行一直心,一行三昧。
	〈定慧〉第四	定慧一體;無念、無相、無住。
永明延壽禪師《宗鏡錄》		故一念相應一念成佛,一日相應一日成佛。
靈峰蕅益大師《靈峰宗論》		現前一念心。
心靈環保的當代實踐與如來藏思想		
如來藏思想		如來藏自性清淨心。
佛性思想		眾生皆有佛性。

資料來源:本研究整理。

一│經典中的心靈環保思想

　　「心清淨」的主張,於《阿含經》中便已出現,而漢傳禪佛教流傳的諸經中,如《維摩經》、《金剛經》、《華嚴經》均有「心清淨」思想,本文就幾部經典論及法師對心靈環保的詮釋及延伸。

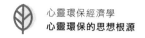
1.《阿含經》中的心靈環保思想

幾部《阿含經》中均記載佛陀教導修行達成「心清淨」，《雜阿含經》中佛陀教導波斯匿王修行：「建立清淨信，信佛法僧寶，身口心清淨，隨順於正法。」[16]《中阿含經》中佛陀教導五比丘修禪定，可達到「定心清淨，無穢無煩，柔軟善住，得不動心，修學漏盡智通作證。」[17]

《增一阿含經》中，迦葉問三十七道品的核心？阿難尊者回以：「諸惡莫作，諸善奉行，自淨其意，是諸佛教。」並說明：「所以然者，諸惡莫作，是諸法本，便出生一切善法；以生善法，心意清淨。是故，迦葉！諸佛世尊身、口、意行，常修清淨。」[18]以及「諸惡莫作，戒具之禁；清白之行，諸善奉行；心意清淨，自淨其意；除邪顛倒，

16　見《雜阿含經》卷 42，CBETA, T02, no. 99, p. 305, c16-17。

17　見《中阿含經》卷 56〈晡利多品 3〉，CBETA, T01, no. 26, p. 778, b14-16。

18　見《增一阿含經》卷 1〈序品 1〉，CBETA, T02, no. 125, p. 551, a10-27。

是諸佛教，去愚惑想。」[19]

　　上述經文內涵，正是法師在〈人間佛教的人間淨土〉一文中，所整理之法鼓山建設人間淨土的思想脈絡：「眾生（人）的心清淨而行為清淨，個人的身口意清淨而影響所處的社會環境清淨。在做往生佛國、嚴淨佛土的準備工夫階段，先要在人間自利利人，便是建設人間淨土。」[20]

2.《維摩經》中的心靈環保思想

　　就漢傳禪佛教的經典中，「心靈環保」最直接的經典依據是《維摩經》，法師著作《修行在紅塵 ── 維摩經六講》的第四講〈《維摩經》與心靈環保〉說明法鼓山理念源於《維摩經》：

　　　　現在我們的法鼓山，正在提倡心靈環保，

19　見《增一阿含經》卷 1〈序品 1〉，CBETA, T02, no. 125, p. 551, a21-24。

20　釋聖嚴，《兩千年行腳》，《法鼓全集》第 6 輯第 11 冊，臺北：法鼓文化，2020 紀念版，頁 125-126。

正在倡導建設人間淨土的理念。我們的理論依據，便是出於《維摩經‧佛國品第一》所說：「若菩薩，欲得淨土，當淨其心，隨其心淨則佛土淨」。[21]

一個初發心菩薩，仍在娑婆世界中，若想得淨土，就需先自淨其心，隨著心的清淨，國土也成清淨佛土。以佛法來看人的身心與環境，身體是「正報」，身體所生存的環境，是「依報」，所以，對一個菩薩修行者，心的清淨與環境清淨是同一件事，若要環境清淨，就必須先淨化自心，隨著心的淨化，環境也隨之清淨。如法師的詮釋：「眾生（人）的內心清淨，眾生的行為即清淨，眾生的心、語、身三種行為清淨，眾生即見其所處的環境清淨、世界清淨。」[22]從「心淨」而「身口意淨」

———
21 釋聖嚴，《修行在紅塵 —— 維摩經六講》，《法鼓全集》第 7 輯第 3 冊，臺北：法鼓文化，2020 紀念版，頁 5-6。
22 釋聖嚴，〈漢傳佛教的智慧生活〉，《漢傳佛教的智慧生活》

而「眾生淨」，進而「環境國土淨」的過程，是以
個人內心的淨化做起。對自心的觀照與淨化，即是
禪宗直接以般若下手修起的觀慧法門[23]。

　　法師將《維摩經》中所說「心的清淨」，關
係到心靈的淨化以及心靈環境的衛生，涵蓋內在及
外在環境之不二法門，故以「心靈環保」為名，
更見其深廣度[24]。法師從「心淨即國土淨」、「以
六度淨心」、「菩薩如何調伏其心」三個角度，
引用〈佛國品第一〉、〈方便品第二〉、〈弟子品
第三〉、〈文殊師利問疾品第五〉、〈不思議品第
六〉之經文，探討《維摩經》中之心靈環保[25]。

　　除「隨其心淨則佛土淨」之理論，更由〈佛國

（修訂版），《法鼓全集》第 5 輯第 8 冊之一，臺北：法鼓文
化，2020 紀念版，頁 21。

23　釋聖嚴，〈人間淨土與現代社會 —— 我們今後要探討的課
題〉，《人間淨土》，《法鼓全集》第 9 輯第 8 冊，臺北：法鼓
文化，2020 紀念版，頁 238。

24　釋聖嚴，《修行在紅塵 —— 維摩經六講》，《法鼓全集》第 7
輯第 3 冊，臺北：法鼓文化，2020 紀念版，頁 103。

25　同上，頁 103-124。

品第一〉「直心是菩薩淨土」[26]強調修行至心中無我、無煩惱時,便如同住於菩薩淨土。所以是先清淨自己的心,眼前所見的環境自然是清淨的,佛國淨土自然出現。法師再以〈方便品第二〉之修行六度為法門,來淨心見佛土。而〈文殊師利問疾品第五〉點出眾生「病」的根本為攀緣,若能調伏自心至心如止水,又如明鏡,且有求必應,則是除病不除法,也就是心靈環保的最高境界[27]。

法師總結《維摩經》中的心靈環保思想為:

> 心靈環保的著手工夫,是從待人接物、日常生活的起心動念處隨時做起;心靈環保的過程,是從自私自利的自我身心觀照漸漸淨化,

---

26 《維摩詰所說經》卷1〈佛國品1〉:「直心是菩薩淨土,菩薩成佛時,不諂眾生來生其國。」(CBETA, T14, no. 475, p. 538, b1-2);《維摩詰所說經》卷1〈菩薩品4〉:「直心是道場,無虛假故。」(CBETA, T14, no. 475, p. 542, c15)

27 釋聖嚴,《修行在紅塵 —— 維摩經六講》,《法鼓全集》第7輯第3冊,臺北:法鼓文化,2020紀念版,頁128-129。

而至於無病無我的境界；心靈環保的最高層
次，是從有法可求至於無求無染而又精進化世
的佛的境界。[28]

3.《金剛經》中的心靈環保思想

法師於一九九三年二月一日至四日，假臺北
市國父紀念館大演講廳，演講《金剛經》，後收錄
於《福慧自在》一書中之「《金剛經》生活」，
第一講即為〈《金剛經》與心靈環保〉。[29]由
《金剛經》中引出三段經文：「應無所住，而生其
心。」[30]、「應如是生清淨心，不應住色生心，
不應住色生心，不應住聲、香、味、觸、法生
心。」[31]以及「應生無所住心，若心有住，則為非

28 同上，頁 131-132。
29 釋聖嚴，《福慧自在 —— 金剛經講記與金剛經生活》：《法鼓
全集》第 7 輯第 2 冊，臺北：法鼓文化，2020 紀念版，頁 75。
30 見《金剛般若波羅蜜經》卷 1，CBETA, T08, no. 236a, p. 754, a4。
31 見《金剛般若波羅蜜經》卷 1，CBETA, T08, no. 235, p. 749,
c21-22。

住，是故佛說，菩薩心不應住色布施。……菩薩為利益一切眾生故，應如是布施。」[32]

經文中以「無所住」做為「心清淨」的方法，將心靈世界分為四個層次：淨化人心、發菩提心、保護初發心、降伏煩惱心。強調心的淨化，要以利他的菩提心為前提，換句話說便是要先學菩薩的精神，不是急著自己想成佛，而是先要發度眾生的願心。發了無上菩提心後，要時時保護這個願心，使住於菩提心而不退轉；並在利他的過程中，處理自己的虛妄煩惱心。

4.《華嚴經》中的心靈環保思想

法師在〈《聖嚴法師心靈環保》自序〉一文中引用《華嚴經》之經文來引申心靈環保對社會、對自然環境的影響：

32　見《金剛般若波羅蜜經》卷 1，CBETA, T08, no. 235, p. 750, b23-25。

　　《華嚴經》說的「心佛及眾生,是三無差
別」,《華嚴經》又說「心如工畫師,畫種種
五陰」、「應觀法界性,一切唯心造」。似此
觀點,已告訴了我們,只要人心染惡,人間社
會即會出現災難連連,如果人心淨善,人間社
會即是康樂境界。[33]

　　《華嚴經》的唯心思想,與《維摩經》及《金
剛經》的「心清淨」思想相呼應,強調心的力量。
指出心念清淨,則與諸佛清淨心相應,心念若汙
染,則與凡夫的愚癡煩惱相應。若人人心清淨,則
可帶來環境的清淨、人間的淨土。

　　從三部經典中,可看出「心靈環保」涵蓋了
向內觀照的禪修工夫、大乘菩薩道之利他精神,並
著手於日常生活的起心動念之中。換言之,法師將
環保的定義擴大為保護物質的自然環境、人間的社

33　釋聖嚴,〈《聖嚴法師心靈環保》自序〉,《書序》,《法鼓全集》第 3 輯第 5 冊,臺北:法鼓文化,2020 紀念版,頁 314。

會環境，以及保護自我的內在環境，並以《維摩經》、《金剛經》、《華嚴經》「心清淨」思想為「心靈環保」建設人間淨土的理論依據，將禪佛教思想，轉化為富有當代實踐的動力，和寬廣格局。

二｜禪宗祖師的心靈環保思想

禪宗以心傳心，隨著時代的演變，歷代禪師展現因應當代需求的核心思想。法師的心靈環保及人間淨土思想，是禪宗思想脈絡的承先啟後，尤其受到六祖惠能、永明延壽禪師及蕅益智旭大師的啟發。

1. 六祖惠能的心靈環保思想

中國禪宗成熟於六祖惠能大師[34]，《壇經》跳

34　釋聖嚴，《禪鑰》：「中國的禪宗從初祖菩提達摩開始，一直到六祖惠能時才算成熟。」《法鼓全集》第4輯第9冊，臺北：法鼓文化，2020紀念版，頁314。

脫次第禪觀的禪修法門，強調日用中的頓悟法門；呈現的禪法觀念可謂為當時承先啟後之說。《壇經》以「菩提自性，本來清淨；但用此心，直了成佛」[35]開場，傳承了《維摩經》及《金剛經》中「清淨心」之思想，然六祖更進一步提出「不著心、不著淨、不是不動」，強調禪不在坐，而於日常生活中即能「識心見性」。

法師將《壇經》中六處所引證《維摩經》內涵，歸納為五種觀念：頓悟、守心與直心、行住坐臥的日常生活即是修行、動靜一體、不二[36]。六祖是聽了《金剛經》「應無所住而生其心」經句，立即頓悟，所以六祖以「頓教」形容他的法門，有別於「漸教」，其所依據的便是《維摩經・般若品》「即時豁然，還得本性」的觀點；《維摩經・菩薩

---

35 《六祖大師法寶壇經》卷 1，CBETA, T48, no. 2008, p. 347, c28-29。

36 釋聖嚴，《禪與悟》，《法鼓全集》第 4 輯第 6 冊，臺北：法鼓文化，2020 紀念版，頁 324。

品》「直心是道場，直心是淨土」，《壇經》以直心和淨心來解釋智慧；《維摩經・弟子品》「只如舍利弗宴坐林中，卻被維摩詰訶」，因中國南方的山林佛教，必須以勞作維持生活，加上六祖自己的體驗，不以為必須經過打坐修行才能明心見性，而有《壇經》日常生活就是修行的思想；《維摩經・佛國品》「能善分別諸法相，於第一義而不動」，真如的智慧心，隨境反映而不對境起執，沒有真正的動，卻有大作用，而有《壇經》動靜一體的觀念，如蓮花出於汙泥而不為汙泥所染，處於動態的環境而保持不動的寧靜心；《維摩經・入不二法門品》「佛法是不二之法」，《壇經》而有定慧不二、動靜不二、善惡不二、眾生與佛不二、世間與出世間不二等不二思想。

法師以《壇經》思想中，「於一切處，行、住、坐、臥，常行一直心」的「一行三昧」，和《金剛經》：「應無所住，而生其心」，主張《壇經》：「心不住法，道即通流；心若住法，名為自

縛」，為「心靈環保」的禪法觀念[37]。

六祖將修行者直接從般若行修起，以「直心」、「一行三昧」的修法，開展出定慧不二、即定即慧的般若行；更進而將戒、定、慧三學定義為：「心地無非自性戒，心地無癡自性慧，心地無亂自性定。」[38]戒的部分，有別於聲聞乘的別解脫戒和菩薩乘的三聚淨戒，法師運用《壇經》中的「自心中無是非善惡、嫉妒、貪瞋、劫害」[39]，和百丈懷海禪師「不拘大小乘律，不違大小乘律」禪宗清規適應環境，符合佛陀制戒的基本原則的戒律概念[40]，將戒的修行，運用在現代生活中的心念觀

37　釋聖嚴，〈從東亞思想談現代人的心靈環保〉，《學術論考》，《法鼓全集》第 3 輯第 1 冊，臺北：法鼓文化，2020 紀念版，頁 443。

38　釋聖嚴，〈最上一層樓 —— 禪宗戒定慧的三個層次〉，《拈花微笑》，《法鼓全集》第 4 輯第 5 冊，臺北：法鼓文化，2020 紀念版，頁 182-183。

39　參考辜琮瑜，〈圖 1-12：「漢傳佛教傳承發展系統表」之四：禪宗教理與方便〉，《聖嚴法師心靈環保學意義與開展》，臺北：法鼓文化，2022 年，頁 56。

40　釋聖嚴，〈戒律與人間淨土的建立〉，《人間淨土》，《法鼓全集》第 9 輯第 8 冊，臺北：法鼓文化，2020 紀念版，頁 116-

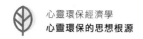
照上，以達身、口、意三業清淨。定的部分，《壇經》「自心不亂即是定」[41]，不同於印度涉及安心法的次第禪觀，以日常生活中心念的安定、不動亂為定的修持。中國禪宗的實踐，重視在實際生活中，人格及內心的鍛鍊，在平常生活中體驗佛法和實踐佛法[42]，將向內與向外的攀緣心斷除，智慧的活潑運用，並不重視禪定的習得[43]。《壇經》「自心無礙即是慧」[44]，迷自心則不見佛性、空性，便是眾生；悟自心則見佛性、空性，即是佛。《壇經》中戒、定、慧三學，是回歸自心、自性的修

117。

41 參考辜琮瑜，〈圖 1-12：「漢傳佛教傳承發展系統表」之四：禪宗教理與方便〉，《聖嚴法師心靈環保學意義與開展》，臺北：法鼓文化，2022 年，頁 56。

42 釋聖嚴，〈佛在心中・口中・行為中〉：「所以禪宗非常重視在平常日用生活之中，體驗佛法和實踐佛法。」《禪鑰》，《法鼓全集》第 4 輯第 9 冊，臺北：法鼓文化，2020 紀念版，頁 175。

43 釋聖嚴，《明末佛教研究》，《法鼓全集》第 1 輯第 1 冊，臺北：法鼓文化，2020 紀念版，頁 19。

44 參考辜琮瑜，〈圖 1-12：「漢傳佛教傳承發展系統表」之四：禪宗教理與方便〉，《聖嚴法師心靈環保學意義與開展》，臺北：法鼓文化，2022 年，頁 56。

持，處理任何問題，皆依自性，不取法相，有別於大乘共通法的戒、定、慧個別獨立的修持[45]。

由《金剛經》及《維摩經》至《壇經》之思想發展，在平日生活中，從自心的修行著手，淨化內心，同時就有淨化環境，莊嚴佛土的功能。以「應無所住而生其心」的禪法觀念，不將自然的、社會的、生理的、內心的現象和自我中心有關的利害得失聯繫在一起現象，從大乘菩薩道之利他精神修行中，以無我的智慧心面對、處理一切現象，用無常、空、無我的人生觀和宇宙觀，觀察環境和心念，無住直心的方式生活，便是積極的心靈環保。以無我的智慧，體悟日常生活中一事一物、一花一草，一切自然、社會、生理、心理等現象，事事物物，都是說無聲無滅、悲智具足的實相法。尊重生命、珍惜資源，為眾生的利益和苦難，生起慈悲救

45　釋聖嚴，〈最上一層樓 ── 禪宗戒定慧的三個層次〉，《拈花微笑》，《法鼓全集》第 4 輯第 5 冊，臺北：法鼓文化，2020 紀念版，頁 184。

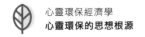
濟之事，便是心靈環保的最高境界[46]。

2. 永明延壽禪師的心靈環保思想

五代法眼宗永明延壽禪師認為隋唐以來之佛
教宗派中，華嚴宗與禪宗的思想最為一致[47]。他以
《楞伽經》「佛語心為宗」的禪宗立場，又引用
《華嚴經》「心佛及眾生，是三無差別」等之角
度，融合大小諸宗，匯歸於由「頓悟成佛」而至
「一念成佛」之思想[48]，如《宗鏡錄》所言：

> 煩惱客塵，全無體性，唯真體用，無貪瞋
> 癡，任運即佛。故一念相應，一念成佛；一日

46 釋聖嚴，〈從東亞思想談現代人的心靈環保〉，《學術論考》，
《法鼓全集》第 3 輯第 1 冊，臺北：法鼓文化，2020 紀念版，
頁 446-447。

47 楊曾文，〈永明延壽的心性論〉，《中華佛學學報》第 13 期
（臺北：中華佛學研究所，2000 年 7 月），頁 457-477。

48 釋聖嚴，〈佛教對於東方文化的影響〉，《漢傳佛教的智慧生活
（修訂版）》，《法鼓全集》第 5 輯第 8 冊之一，臺北：法鼓文
化，2020 紀念版，頁 54-55。

相應，一日成佛。[49]

如同法師在〈從東亞思想談現代人的心靈環保〉一文中說明，只要是為了人類身心的健康、平安、快樂，為了照顧自己、照顧社會、照顧自然的一切觀點、價值觀和教法，均是「心靈環保」的範圍。法師認同其他的思想如儒家、道家，和漢傳佛教諸宗等不同層面、不同方式的「心靈環保」，所帶來自利利人教法，但法師選擇以中國禪宗思想，做為淨化人心的「心靈環保」，是最直截了當的：

> 我自己是佛教徒，相信以中國大乘禪宗的思想，來淨化人心是直截了當的，尤其服膺永明延壽禪師的說法，不論是誰，只要當下的一念心與佛的悲智行願相應，你的當下這一念心便是佛心，許多念的心與佛的悲智願行相應，你

49　《宗鏡錄》卷 14，CBETA, T48, no. 2016, p. 491, a5-7。

的許多念心便是佛心，若能夠每一念心都與佛
的悲智願行相應，你便證得福智兩足的圓滿佛
果了。[50]

依據《華嚴經・梵行品》所說「初發心時便成
正覺」，華嚴宗圓教認為凡夫至成佛的修證階位，
從十信位到佛地，雖然有六位不同，但每一位都和
其他一切位相即相入，所以每得一位，即是得一切
位。永明延壽運用此觀點，結合華嚴宗理事圓融的
思想，以一乘教的理事齊等，攝受三乘教所認為
一念成佛只指理上成，而事上仍未圓滿，而認一念
成佛即具足理與事[51]。永明延壽的「一念成佛」的
思想，以華嚴宗一真法界緣起、法界觀門的理事圓
融理論，倡導「一念相應一念成佛，一日相應一日

50　釋聖嚴，〈從東亞思想談現代人的心靈環保〉，《學術論考》，
　　《法鼓全集》第 3 輯第 1 冊，臺北：法鼓文化，2020 紀念版，
　　頁 445。

51　釋聖嚴，〈人間佛教的人間淨土〉，《人間淨土》，《法鼓全
　　集》第 9 輯第 8 冊，臺北：法鼓文化，2020 紀念版，頁 157。

成佛」。法師認為,對於凡夫在娑婆世界學佛成佛
的信念,提出了最好的理論基礎與鼓勵作用,也是
「心靈環保」禪法實踐上的教理依據。從佛經的角
度看成佛,是很遠很遠,難以圓滿的,但從禪宗的
角度,一念心清淨,當下便是與諸佛相應[52]。

3. 蕅益智旭禪師的心靈環保思想

　　法師所開展出日常生活對妄心或散心的觀照與
修練,除了以永明延壽「一念成佛」思想和方法為
教理基礎外,另有以蕅益智旭的「現前一念心」的
思想和禪觀方法;其根據下述五種文獻思想,予以
歸納統合而獨創「現前一念心」的新觀念[53]:

　　(1)《大佛頂首楞嚴經》卷2:「現前生滅與不
生滅。」「我觀現前,念念遷謝,新新不住。」之

52　釋聖嚴,〈從東亞思想談現代人的心靈環保〉,《學術論考》,
　　《法鼓全集》第3輯第1冊,臺北:法鼓文化,2020紀念版,
　　頁445。

53　見釋會靖中譯,釋聖嚴著,《明末中國佛教之研究》,臺北:法
　　鼓文化,2009年,頁509-514。

「現前」。

(2)《達磨大師悟性論》卷1:「若一念心起。則有善惡二業。有天堂地獄。若一念心不起。即無善惡二業。亦無天堂地獄。」[54]之「一念心」。

(3)《摩訶止觀》卷5:「若無心而已。介爾有心即具三千。亦不言一心在前一切法在後。亦不言一切法在前一心在後。」[55]之「介爾」[56]、「一心」。

(4)《新華嚴經論》卷1:「明十身而隱隱。無邊剎境。自他不隔於毫端。十世古今。始終不移於當念。」[57]之「當念」,《華嚴經合論》卷2:「一念相應一念成佛,一日相應一日成佛。」[58]之

---

54 《達摩大師悟性論》,CBETA, X63, no. 1219, p. 7, a1-2 // Z 2:15, p. 409, d1-2 // R110, p. 818, b1-2。

55 《摩訶止觀》卷5,CBETA, T46, no. 1911, p. 54, a8-10。

56 法師說明:「『現前』二字與《摩訶止觀》的『介爾』二字相似,但稍有不同,這是採擇自《楞嚴經》的文意。」釋會靖中譯,釋聖嚴著,《明末中國佛教之研究》,臺北:法鼓文化,2009年,頁511-512。

57 《新華嚴經論》卷1,CBETA, T36, no. 1739, p. 721, a20-22。

58 《華嚴經合論》卷2,CBETA, X04, no. 223, p. 22, a7-8 // Z 1:5, p.

「一念」。

（5）《宗鏡錄》之序文：「編羅廣義。撮略要文。鋪舒於百卷之中。卷攝在一心之內。能使難思教海。指掌而念念圓明。無盡真宗。目覩而心心契合。」[59]之「一心」、「念念」、「心心」。

蕅益智旭將永明延壽之「一念相應一念佛，一日相應一日佛」予以融會，以「自心念念常有佛成正覺」將之表達出來，並融會成為「一念相應一念佛，念念相應念念佛」[60]。

智者大師《摩訶止觀》的「介爾一心」與蕅益智旭的「現前一念心」同樣都是指當下第六意識的剎那變異妄念心，然「介爾一心」是當下一念心之中，具足十法界的性質，以《法華經》及《華嚴經》為中心；而「現前一念心」是依《大乘起信

342, c3-4 // R5, p. 684, a3-4。

59　《宗鏡錄》卷 1，CBETA, T48, no. 2016, p. 416, c2-4。

60　釋會靖中譯，釋聖嚴著，《明末中國佛教之研究》，臺北：法鼓文化，2009 年，頁 511-512。

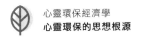

論》的「一心真如」說及《楞嚴經》的「如來藏妙
真如性」說而構成的「即真即妄、非真非妄、亦真
亦妄、亦非真亦非妄」之心說[61]。法師於〈漢傳佛
教傳承發展系統表〉之「入方便法門」提出以「現
前一念心」做為所緣境之「散心妄心修無礙行」觀
法[62]：

散心妄心修無礙行

- 信現前一念妄心即具諸佛功德
- 觀現前一念妄心，面對它、接 ── 真妄不二
  受它、觀察它，立即放下它。 ── 淨土在前
- 隨時體驗觀察現前一念妄心，
  念念分明，漸漸清淨。
  ── 一念心清淨 → 身、口行為
  清淨 → 環境清淨

　　修行過程，首先相信我們的第六意識雖是剎那
變異的妄心，正是妄心無體而體即真如，故具諸佛
功德。其次以「現前一念妄心」為觀修的對象，隨

61　同上，頁 512。
62　韋琮瑜，〈圖 1-12：「漢傳佛教傳承發展系統表」之四：禪宗教
　　理與方便〉，《聖嚴法師心靈環保學意義與開展》，臺北：法鼓
　　文化，2022 年，頁 57。

時體驗覺察一念妄心生起，面對、接受、觀察這一念妄心，並立即放下它，使念念分明，逐漸清淨。正是從「心淨」而「身口意淨」而「眾生淨」，進而「環境國土淨」的過程。

法師延伸太虛大師所謂「人成即佛成」，成佛之道成立於實際人間社會生活的觀念，發展出法鼓山「提昇人的品質，建設人間淨土」的理念與實踐。「心靈環保」所意味的人間淨土建設，以非諸種淨土經典中，將淨土建立在他方世界，也不同於禪宗的自心淨土，只在悟後能見，法師以禪宗直接從心念下手的修行，而是將淨土的建設，付諸於日常生活中具體的行動，從對妄心或散心的觀照與修練，而達心念淨化，乃至於身口淨化，環境淨化，國土淨化。心靈環保，將人間淨土的建立，住於日常生活中的一念中[63]。

---

63 釋聖嚴，〈人間佛教的人間淨土〉，《人間淨土》，《法鼓全集》第 9 輯第 8 冊，臺北：法鼓文化，2020 紀念版，頁 158。

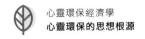

三｜心靈環保的當代實踐與如來藏思想

「心靈環保」的意涵是立足於如來藏自性清
淨心的立場；在當代實踐上，即是依據如來藏「一
切眾生悉有佛性」思想，不論是學佛或是未學佛
者，無論是哪種文化、種族、地區的人均有佛性的
信仰，使得人們對自己、對他人的提昇，均抱持信
心。誠如法師所說：

> 至《大涅槃經》才明說一切眾生悉有佛性，
> 始將佛道的慈悲平等，普及到一切眾生；不論
> 已經學佛或未學佛，不論有佛出世說法或者無
> 佛出世說法，任一眾生身中的如來寶藏是永不
> 變質的。這樣的說法讓一切眾生都有成佛的希
> 望……給所有的眾生「身中有佛、心中有佛」
> 的自信。

> 如來藏思想能使發心菩薩，願意接受一切
> 眾生都是現前菩薩未來佛的觀念，也能使發心

菩薩，願意尊敬、尊重每一個人。若能將順、逆兩種因緣的發動者，都看作是順行菩薩及逆行菩薩……幫助自己改變對於人生的態度。因此，我們要推動人間淨土的建設工程，佛性如來藏的信仰就太重要了。[64]

如來藏，所謂眾生皆有佛性，成佛的可能性，鼓勵了眾生修行的信心。修行上，隨著離佛時代逐漸遙遠，成佛也似乎愈來愈遙不可及。如來藏的眾生本具佛性，「心、佛、眾生」三無差別、生佛平等的思想，拉近了眾生與佛之間的距離，修行不再是個人的解脫，眾生成佛也不再是遙不可及的夢想。佛性學說，對治眾生妄自菲薄，認為自己不能成就正覺，而無心求道，多起放逸的過失。怯懦的眾生認為自己沒有佛性，當知眾生同有佛性，就會生勇猛求佛之心；眾生皆有佛性，其他眾生亦皆不

---

64 釋聖嚴，《自家寶藏 —— 如來藏經語體譯釋》，《法鼓全集》第 7 輯第 7 冊，臺北：法鼓文化，2020 紀念版，頁 6。

可輕賤。所以，佛性學說在宗教實踐上有著督勵的作用[65]。

　　人人具有佛性，也意謂著如來藏思想的社會性及現代性，日常生活中的平等觀。現代的社會，全球化的影響下，人與人之間的關係愈來愈密切，生活步伐緊湊，原始佛教中「住阿蘭若處」這般遠離塵囂的修行方式，南傳傳統遠離日常生活、都攝六根的修行，或藏傳傳統拜上師的修行方式，在現代社會人際互動愈來愈密切和平等的狀態下，似乎有其不便之處。漢傳禪法，強調日常生活上的禪修，在根與塵接觸的當下用方法，適合現代社會的需求。在生佛平等、眾生平等的如來藏思想中，修行的信心堅固，日常生活中人與人、人與事、人與物之間的關係，也平等平等。大乘菩薩道的精神，也在如來藏思想下展開，使得發心菩薩，願意尊敬、尊重每一個人，這種從珍視自我到珍視所有眾生，

65　廖明活，《中國佛性思想的形成和開展》，臺北：文津出版社，2008 年，頁 77-78。

而逐漸改變人生的態度，也是依如來藏，將禪法帶
入生活、社會，而建立人間淨土的理念。

　　法師所提倡之「心靈環保」，以漢傳禪法的
思想和方法出發，對於中、西方各種思想和現代社
會各項議題的融攝，如倫理、環保、世界宗教、和
平、貧窮、永續發展等，便是立基於如來藏的佛性
思想。對於未接觸佛法的一般大眾，法師以如來藏
思想，與個人倫理、社會倫理、乃至全球倫理結
合，淡化宗教色彩，不用佛學名相，將禪佛教的智
慧，直接運用在個人內在心靈、個人與社會群體、
個人與自然環境，乃至宇宙時空[66]。

　　法師認為，如來藏思想，「既可滿足哲學思
辨的要求，也可滿足信仰的要求，可以連接緣起性
空的源頭，也可貫通究竟實在的諸法實相」[67]，從

66　釋聖嚴，〈從東亞思想談現代人的心靈環保〉，《學術論考》，
　　《法鼓全集》第 3 輯第 1 冊，臺北：法鼓文化，2020 紀念版，
　　頁 435。

67　釋聖嚴，〈自序〉，《自家寶藏 —— 如來藏經語體譯釋》，
　　《法鼓全集》第 7 輯第 7 冊，臺北：法鼓文化，2020 紀念版，

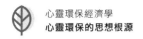

哲學思辨、信仰、連接緣起性空教理的源頭，和實
證四方面，如來藏思想，具整合性、適應性、包容
性、消融性，不但是佛教中不同傳統的會通[68]，或
是與現代的社會中各種一神論的宗教文化對話，如
來藏思想均能扮演好這份使命及角色，以漢傳佛教
所具前瞻性與消融性的特色，避免偏狹和優越感的
教派態度，以推出全人類共同需要的世界佛教來。

頁 5。

68　世界其他宗派的法門，隨著全球化的趨勢，正有具互相融合的趨
　　勢。今後的世界佛教趨勢，將融合其他不同宗派傳統，以契合
　　現代人的修行方式。Narayan Liebenson Grady 訪談，2009 年 2
　　月 16 日。Naraya 為美國 Insight Meditation Society 內觀中心老
　　師，在美國和世界各地指導禪修，追隨聖嚴法師學禪逾十年。

CHAPTER 2

心靈環保經濟學
之思想

　　佛教是以「心」為主體的因緣論，原始佛教的
四聖諦便是教導用種種修行方法，將煩惱心轉成解
脫心；進入大乘佛教的中觀派、唯識學、如來藏系
統，均圍繞著「心」的主體而講[1]。「心靈環保」
之思想，源於原始佛教《增一阿含經》中的「心清
淨」，漢傳禪佛教中《維摩經》之「隨其心淨則佛
土淨」、《金剛經》之「應無所住而生其心」、
《華嚴經》之「應觀法界性，一切唯心造」等思
想。禪宗祖師重視安心、觀心、守心、無心，六祖
惠能的思想核心為「直心」、「一行三昧」、「無
念、無相、無住」的「心地法門」，永明延壽禪師
的核心思想為「一念成佛」，蕅益智旭之「現前一
念心」，法師延續經論及禪宗祖師之思想脈絡，提
出「心靈環保」之核心理念。

1　參考聖嚴法師〈從「心」溝通的世界大趨勢〉，首屆世界佛教論
　　壇主題發言，收錄於《建立全球倫理 —— 聖嚴法師宗教和平講
　　錄》，法鼓山智慧隨身書，臺北：財團法人法鼓山文教基金會，
　　2015 年，頁 106-119。

　　法師在國內外推動的心靈環保，分成兩個層面：一是學佛禪修的層面，二是法鼓山理念層面。前者乃針對有意願、有興趣學佛禪修的人士，指導大家學佛禪修的觀念及方法，以幫助大家達到禪宗的悟境；至於法鼓山理念的層面，則是針對尚沒有意願學佛以及無暇禪修的一般大眾。換言之，為適合現代人的身心和環境需要，法師盡量不用佛學名詞，並且淡化宗教色彩，提出了以心靈環保為主軸的「四種環保」、「心五四」及「心六倫」運動。[2] 法師一生致力於此兩種層面的「心靈環保」，並在東、西方社會引起相當地回響。如同二〇〇三年在中國北京大學演講時提到，除在東、西兩半球，舉行了三百次以上的禪期修行之外，二十一世紀初所參加的每一個國際性會議中，都會提出

2　參考釋聖嚴，〈從東亞思想談現代人的心靈環保〉，《學術論考》，《法鼓全集》第 3 輯第 1 冊，臺北：法鼓文化，2020 紀念版，頁 449。其中，第二種層面，原文只提到是「四種環保」及「心五四運動」，然此為 2003 年的演講，「心六倫」於 2007 年提出，故增加此項，並稱此層面為法鼓山理念的層面。

這個議題來與大家分享[3]。法師認為：

> 心靈環保是應該不分古今的、不分地域的、不分宗教的、不分族群的、不分生活背景的。只要有心有願的人，都需要做，都應該做。[4]

法師期待每場演講後，「能夠喚起全世界的有心有願挽救人心、挽救地球環境的人士，都能投入心靈環保的工作，它的內容是極其寬廣的，是可大可小、可深可淺的。」[5]更建議：

> 凡是跟我們食衣住行、教育、娛樂等相關的一切設施，最好能與現代人的心靈環保相結合，那才能夠把許多的差異性利益，匯歸於全

3　釋聖嚴，〈從東亞思想談現代人的心靈環保〉，《學術論考》，《法鼓全集》第 3 輯第 1 冊，臺北：法鼓文化，2020 紀念版，頁 449。

4　同上。

5　同上。

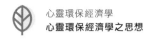
地球、全人類永續的共同性利益。[6]

經濟學涉及食衣住行、教育、娛樂等相關的經濟活動，故與現代人的心靈環保相結合，成為心靈環保經濟學，便是一門運用佛法的慈悲與智慧來面對、接受、處理當今全球的經濟情勢與地球危機，正是思考全地球、全人類永續發展最佳的「心」經濟主張。

本章首先爬梳心靈環保經濟學之淵源，佛教經濟學之發展，以及近年來就心靈環保對個人經濟行為、企業管理、財務金融等影響之研究。其次，從原始佛教經典中，闡釋佛教徒的經濟行為。最後，探究佛教經濟行為背後的思想依據。

6　同上，頁 450。

一│心靈環保經濟學之發展背景

心靈環保經濟學看似為一個新開創的經濟學，實則為佛教經濟學，故首先了解佛教經濟學之發展歷程。採用心靈環保經濟學一詞，乃因此為現代化的語言，較佛教經濟學更容易貼近佛教徒及非佛教徒。此外，更直接地指出這是一門強調由內心做起的經濟學，從個人的「心靈環保」做起而達到建設「人間淨土」的經濟學；更是一門倡導由個人內心和平而達到世界和平的經濟學。

佛教經濟學之鼻祖，德裔英國經濟學家修馬克（Ernst Friedrich Schumacher），於一九五〇年代初受到甘地（Mohandas Ghandi）、葛吉夫（G. I. Gurdjieff），及好友孔澤（Edward Conze）等的影響，開始對東方哲學感興趣。一九五五年前往緬甸擔任經濟顧問期間，利用假日至佛教寺院學習禪修，體驗到前所未有的清明；這年，他寫了一篇論文〈佛教國家的經濟學〉

（"The Economics in a Buddhist Country"），首度提出了「佛教經濟學」（Buddhist Economics）一詞，主張經濟學應從人生的意義及目的著眼。返國後於一九六六年發表〈佛教經濟學〉一文，[7] 修馬克從佛法八正道之「正命」[8] 舉出有「佛教經濟學」之學說，主旨為「簡樸、非暴力」[9]，目標為「在最少的消費下達到最大的幸福」[10]，並分析佛教經濟學與主流經濟學的差

7 　依據 Barbara O'Brien, "Buddhist Economics: E. F. Schumacher's Prophetic Ideas" 一文及「新經濟研究所（New Economics Institute）」之網站資訊：「佛教經濟學」一詞，首先於 1955 年提出，1966 年發表於 Guy Wint 主編之 Asia: A Handbook 一書，由倫敦的 Anthony Blond Ltd. 出版。1973 年時收錄於 E. F. Schumacher 的著作：Small Is Beautiful: Economics as if People Mattered 之中。
　詳見 http://buddhism.about.com/od/basicbuddhistteachings/a/schumaker.htm, 2011.05.31；及 http://neweconomicsinstitute.org/schumacher/buddhist-economics, 2012.05.31。

8 　英文 Right Livelihood，中文應為「正命」，立緒出版社出版之中譯本《小即是美》，則將「Right Livelihood」一詞翻譯成「正業」，乃是「正命」之誤。

9 　參見 E. F. Schumacher, Small Is Beautiful，頁 61：「The keynote of Buddhist Economics, therefore, is simplicity and non-violence.」

別，亦從佛教的觀點，探討永續經濟的途徑。這篇文章於一九七三年收錄於《小即是美》（*Small Is Beautiful*）一書中，使佛教的經濟觀點正式進入西方社會。「佛教經濟學」提出之初，被視為異端，然此書的出版卻得以持續至今，並已翻譯成二十七種語言[11]，堪稱最具影響力的一本佛教經濟學書籍。

在修馬克之後探討佛教經濟學而具重要影響力的，為泰國佛學學者巴如多尊者（Venerable P. A. Payutto）。他於一九八八年以泰文出版《佛教經濟學》（*Buddhist Economics*）一書，一九九二年被譯為英文初版，一九九四年再版英譯修訂本《佛教經濟學 —— 市場之中道》（*Buddhist Economics: A Middle Way for the Market Place*）[12]的小書。巴如多

10　同上，頁 61：「since consumption is merely a means to human well-being, the aim should be to obtain the maximum of well-being with the minimum of consumption.」

11　K I Woo, "Buddhist Economics – From Schumacher to Payutto", *GH Bank Housing Journal*, Thailand.

尊者論述主流經濟學尚未論及到的道德價值及倫
理，或說經濟學缺乏「質」的因素，強調佛教經
濟學是一門心靈的經濟學（The spiritual approach to
economics），書中從經濟學中經濟行為的架構，將
佛教思想及經典文獻中佛陀的教導，陳述得更加
完善。

　　一九九〇年代之後，受到修馬克的影響，
繼續相關之研究的學者逐漸增多。著重於佛教經
濟思想或理論體系的論著包括：普賴爾（Frederic
Pryor）依據《南傳大藏經》之文獻，分析佛教經
濟學，於一九九〇及一九九一年，分別發表了〈佛
教經濟體系 —— 原理篇〉（"A Buddhist Economic
System-in Principle"）及〈佛教經濟體系 —— 實踐

12　巴如多尊者所著《佛教經濟學》（Buddhist Economics）一書先於
　　1988 年以泰文出版，1992 年翻譯成英文並出版英文版本第一
　　版，1994 年增訂為第二版並修改書名為《佛教經濟學 —— 市場
　　之中道》（Buddhist Economics: A Middle Way for the Market Place），
　　並由 Dhammavijaya 和 Bruce Evans 英譯出版，該書在西方學界
　　產生了積極反響，巴如多尊者於 1994 年獲得法國尤奈斯庫和平
　　教育獎。

篇 〉（ "A Buddhist Economic System-in Practice" ）。
亞歷山卓（Glen Alexandrin）於一九九三年發表
〈佛教經濟學之因素〉（ "The Elements of Buddhist
Economics" ）[13]，將倫理因素加入經濟學中，對他
而言，佛教經濟學是一種指導甚於理論的學科。

　　泰國學者們以巴如多尊者的佛教經濟學為基
礎，繼續發展思想及理論，亦有相當的成果。一
九九七年，匹普沙塢（Priyanut Piboolsravut）為第
一位以「佛教經濟學」為主題[14]，於加拿大西蒙弗
雷澤大學（Simon Fraser University）獲得博士學位的
研究生。經濟學家潘塔森（Apichai Puntasen）於二
〇〇一年以泰文出版了第一本佛教經濟學的教科書
《佛教經濟學：演變、理論、及應用》（*Buddhist
Economics: Evolution, Theories and Its Application to*

———
13　Glen Alexandrin, "The Elements of Buddhist Economics",
　　International Journal of Social Economics, vol. 20, Issue 2, 1993 Feb,
　　pp. 3-11.
14　Priyanut Piboolsravut, *An Outline of Buddhist Economic Theory and
　　System,* 1997.

Various Economic Subjects），將修馬克及巴如多尊者的佛教經濟思想整合及擴展地更加系統化，並主張「般若主義」（paññā-ism）為佛教經濟學的核心，泰文第三版本（二〇〇四）的部分章節於二〇〇八年被翻譯成英文。德國經濟學者維澤（Harald Wiese）[15]深入「佛教徒家計經濟理論」（Buddhist Household Theory）的研究，嘗試將巴如多尊者所強調的兩種欲望：貪欲及善欲，帶入現代個體經濟學理論，以數學分析導入佛教徒消費者的效用函數、無異曲線等，是目前見到最接近主流經濟學理論分析方法的論文。

　　在進入二十一世紀之際，自然生態、環境資源備受關注，以佛教經濟學的觀念與方法而論及永續經營為當今的重要議題。曾任日本宮崎銀行總裁的井上信一於一九八七年出版日文著作《佛教

15　Harald Wiese, "Moderation, Contentment, Work, and Alms – a Buddhist Household Theory", *The Journal of Socio-Economics*, vol. 40, issue 6, 2011, pp. 909-918.

經營》及一九九四年出版《拯救地球經濟學》，
其後結集此兩本著作並翻譯成英文：《使佛法發
揮作用》（*Putting Buddhism to Work*）於一九九七
年出版[16]，提出佛教經濟學是自利利他的經濟學、
寬容與和平的經濟學、拯救地球的經濟學。[17]泰
國另一位知名的佛教運動者舒拉克‧西瓦拉克沙
（Sulak Sivaraksa，又名蕭素樂）[18]，以著力於「入
世佛教」（Engaged Buddhism）而聞名全球，其豐
富的著作中，亦多具佛教經濟學之觀點，二〇〇

---

16 Shinichi Inoue （井上信一）, *Putting Buddhism to Work: A New Approach to Management and Business*, Kodansha International Ltd, 1997.

17 同上，頁 67：「Before going into further detail about Buddhist economics, let me propose three key phrases that underline its main points. They are: 1) an economics that benefits oneself and others; 2) an economics of tolerance and peace; and 3) an economics that can save the earth.」

18 Sulak Sivaraksa（1933-）：泰國著名佛教運動者，創立「入世佛教國際網絡」（International Network of Engaged Buddhists）、數十個教育及政治的基層組織，並出版百本以上的泰文及英文著作。其兩度被提名諾貝爾和平獎，並於 1995 年榮獲另類諾貝爾獎（Alternative Nobel Prize）「正命獎」（Right Livelihood Award）之得主。

九年出版《可持續的是美好的》[19]（*The Wisdom of Sustainability: Buddhist Economics for the 21st Century*）一書。

歐洲方面，匈牙利籍索爾奈（Laszlo Zsolnai）是一位積極推動佛教經濟思想的經濟學者，於一九八五年閱讀《小即是美》一書後，一九八六年寫出一篇〈元觀經濟學〉（"Meta-Economics"）的論文，富含綠色、環保、永續的經濟思想，從此朝向佛教經濟學、企業倫理的研究領域。索爾奈發表多篇佛教經濟學之相關論文、出版多本相關書籍，亦在其網站上提供豐富的資訊[20]。二○○七年與阿格西（Tamas Agoc）一起在匈牙利舉辦了首屆的「國際佛教經濟研究論壇」（International Conference of the Buddhist Economic Research Platform），主題為「佛教面向之經濟學」（Economics with a Buddhist Face），二○○九年在泰國舉行了第二屆的國

19　此為簡體中譯本書名，海南出版社於 2012 年 2 月出版。
20　Laszlo Zsolnai 的網站：http://laszlo-zsolnai.com/, 2023.08.18。

際會議，主題為「佛教經濟學：理論與實踐」
（Buddhist Economics: Theory and Practice），提供佛
教經濟研究及實踐者之交流平台。

美國的經濟學者中，柏克萊大學經濟系教授
克萊爾・布朗（Clair Brown），於二〇一七年出
版《佛教經濟學 —— 鬱悶科學[21]之開悟之道》
（*Buddhist Economics: An Enlightened Approach to the
Dismal Science*）[22]。本書由佛教經濟學考慮到對環
境的保護、人類的心靈狀態，以及人的生活品質，
融合聯合國永續發展目標，建構佛教經濟體系的核
心佛法為「相互依存」，可以從人與人、人與環
境、離苦得樂三個角度探討。從人與人的關聯性，
提出運用資源以提高自己和他人的生活品質。從人

---

21 十九世紀英國歷史學者卡萊爾（Thomas Carlyle）用「鬱悶的科學」（dismal science）形容經濟學。主要是因為一般人預期經濟學研究不只能夠解釋過去，還要能夠預測未來。然預測結果往往又造成市場結構、經濟行為的改變而失準，非常地鬱悶。

22 Clair Brown , *Buddhist Economics: An Enlightened Approach to the Dismal Science*, New York: Bloomsbury Press, 2017.

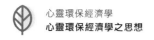
與環境的角度，是對自然與環境的關懷融入於活動
中。最後是離苦得樂的角度，於當地與全球減少苦
及長養慈悲心。

　　喬爾・馬格努森（Joel Magnuson）於二〇〇
八年出版《正念經濟學：美國經濟如何運作，為
何如此重要，以及它如何與眾不同》（*Mindful
Economics: How the U.S. Economy Works, Why It
Matters, and How It Could Be Different*）[23] 一書，分析
資本主義之美國經濟體制，直指問題所在，並建構
正念經濟系統，朝向植根於民主原則、穩定、社
會正義和環境永續的理想未來。二〇一六年出版
《從貪婪到幸福：解決經濟和金融危機的佛教方
法》（*From Greed to Wellbeing: A Buddhist Approach
to Resolving Our Economic and Financial Crises*）[24] 一

23　Joel Magnuson, *Mindful Economics: How the U.S. Economy Works, Why it Matters, and How it Could Be Different*, New York: Seven Stories Press, 2008.

24　Joel Magnuson, *From Greed to Wellbeing: A Buddhist Approach to Resolving Our Economic and Financial Crises*, University of Bristol

書，從入世之佛教經濟學的視角，提出資本主義經
濟體制之貪、瞋、癡三毒，引用巴如多尊者探討之
貪欲與善欲，主張息滅貪、瞋、癡三毒，轉化為善
欲，並以國民幸福指數（Gross National Happiness，
簡稱 GNH）為指標，引導朝向幸福（Wellbeing）
之發展。二〇二二年，《佛法與入世佛教經濟
學 》（*The Dharma and Socially Engaged Buddhist
Economics*）[25]出版，闡明「入世佛教徒」的經濟
學方法，回應全球資本主義之破壞性，建議透過
佛教之修行方法，採用「內部與外部」（inner and
outer）兩種轉型模式，通過這種模式將我們自己從
當前人為的、功能失調的系統中解放出來：前者向
內檢查自己的思維方式，後者通過批評和改革我們
的經濟系統。書中並舉出泰國與不丹兩個基於佛教
而建立之社會經濟政治系統。

———
　　　Press/Policy Press, 2016.
25　Joel Magnuson, *The Dharma and Socially Engaged Buddhist Economics*,
　　Palgrave Macmillan, 2022.

　　此外，藏傳佛教國家不丹，於一九七二年開始以「國民幸福總值」（Gross National Happiness，簡稱 GNH）替代國民生產總值（Gross National Products，簡稱 GNP）／國內生產總值（Gross Domestic Products，簡稱 GDP），做為國家發展的指標，因英國萊斯特大學（University of Leicester）社會心理學家懷特（Adrian White）於二〇〇六年首次發表的「世界快樂／幸福地圖」，不丹排名全球第八，而引起各國的注目。二〇一〇年卡爾金斯（Calkins）與吳英秋（Ngo）[26]嘗試以國民幸福總值（GNH）之最大化為目標，來建構南傳佛教傳承之總體經濟理論，此為佛教總體經濟學之研究。

　　上述為歐美及泰國在佛教經濟學研究之發展情況，反觀中、日學者對佛教經濟學之研究[27]，實

26　Calkins, Peter and Anh-Thu Ngo, "Theravada Macroeconomics", Institute for Sufficiency Economy and Promotion, Chiang Mai University, Thailand, working paper, Jan. 2, 2010.

27　詳見吳永猛教授，〈佛教經濟研究的回顧〉，《華岡佛學學報》卷 4（臺北：中華學術院佛學研究所，1980 年 10 月），頁 274-

於一九三〇年代便已展開。日本佛教學者友松圓
諦於一九三一年出版有關印度古代佛教寺院財產
之論述[28]；其後，經濟學者大野信三於一九五六年
出版《佛教社會經濟學說之研究》一書，以經濟
學的角度建構佛教經濟思想；一九六六年駒澤大
學成立了佛教經濟研究所，研究成果更見豐碩。
除了一九九七年井上信一的著作以英文出版，開
始與西方經濟思想交流；二〇一〇年培恩（Richard
K. Payne）出版的《多少才算夠？》（*How Much is
Enough?*）[29]一書中，亦收錄多篇日本學者的英文
著作，包括：井上信一〈以一種佛教經濟學救地
球〉（Shinichi Inoue, "A Buddhist Economics to Save

283。

28　同上，頁 275：「日本學者，友松圓諦著『佛教經濟思想研
究』，第一卷敍述關於印度古代佛教寺院的財產所有權學說，第
二、三卷敍述佛教對分配的理論與實際，友松氏是研究佛教經濟
思想的先驅者。」

29　Richard K. Payne edited, *How Much is Enough?: Buddhism,
Consumerism, and the Human Environment*, MA: Wisdom Publication,
2010.

the Earth"）、幸泉哲紀〈八正道作為永續生活的一種規範〉（Tetsumori Koizumi, "The Noble Eightfold Path as a Prescription for Sustainable Living"）、中村生雄〈江戶時代淨土真宗對「殺生食肉」的辯護〉（Ikuo Nakamura, "The Debate on Taking Life and Eating Meat in the Edo-Period Jodo Shin Tradition"）。

中國學者對佛教經濟之研究，亦多以佛教史及文獻的角度探討佛陀時代的經濟制度、思想，中國古代寺院經濟等主題，甚少以現代經濟學的角度觸及當代之經濟問題。二〇〇五年以來，經濟學者黃建森教授及其學生的研究，開始了經濟學與佛法的對話，從大乘經典，如：淨土五經、《因果經》、《金剛經》，探討佛經中的財富觀，從《達賴喇嘛禪思 365》中進行經濟思想的研究；更探討聖嚴法師及星雲法師的財富觀。這些研究，主要是從佛教經典中得到因果、利他、慈悲等之啟發。

筆者於二〇一二年提出「心靈環保經濟學」的心經濟主張後，在日本學者幸泉哲紀的鼓勵下，

開始在臺灣與學佛的經濟學者交流，逐漸展開相關研究。許永河[30]從佛教的幸福經濟啟動，近年有層次地建構佛教經濟的思想體系及對當代的影響。江靜儀從總體經濟學的角度，先以倫理的角度與經濟學對話[31]，並探究永續發展、福祉等議題。池祥麟從佛法的角度談企業社會責任[32]、詹場以佛法的基

30　許永河的相關論文：〈從佛法觀點探討高齡化社會的所得分配問題〉，《聖嚴研究》第六輯，臺北：法鼓文化，2015 年，頁279-308；〈幸福社會的經濟幸福 —— 佛教的幸福經濟學〉，《聖嚴研究》第九輯，臺北：法鼓文化，2017 年，頁 51-112；〈宗教信仰、社經因素與幸福感 —— 佛教的幸福觀〉，《聖嚴研究》第十二輯，臺北：法鼓文化，2019 年，頁 327-395；〈經濟富足與心靈安樂 —— 聖嚴法師「心靈環保」思想對「佛教經濟學」理論之啟示〉，《聖嚴研究》第十三輯，臺北：法鼓文化，2020 年，頁 129-223；〈經濟富足與心靈安樂 —— 心靈環保、廠商經濟行為與永續發展〉，《聖嚴研究》第十五輯，臺北：法鼓文化，2022 年，頁 247-307。

31　江靜儀的相關論文：〈新／心經濟倫理 —— 經濟學與佛法的相會〉，《聖嚴研究》第六輯，臺北：法鼓文化，2015 年，頁117-223；〈永續發展與建設淨土 —— 全球倫理架構〉，《聖嚴研究》第十輯，臺北：法鼓文化，2018 年，頁 369-422；〈建立快樂經濟不可不知的事 —— 主觀福祉與省思〉，《聖嚴研究》第十二輯，臺北：法鼓文化，2019 年，頁 235-325；"Buddhadharma and Sustainable Development：An Integrated Framework of Analysis"，《聖嚴研究》第十三輯，臺北：法鼓文化，2020 年，頁 237-283。

本理論探究金融市場及公司財務管理[33]。謝俊魁、
顏美惠持續探究心五四對經濟行為的影響，包括
推論四要消費者的需求函數、以四福推展企業永續
發展，並以量化分析實證心五四可提昇經濟行為的
利他傾向[34]。學者們於歷屆漢傳佛教與聖嚴思想國
際學術研討會中發表論文，再收錄於《聖嚴研究》
期刊。二〇一九年及二〇二二年於法鼓文理學院舉
辦佛教／心靈環保與經濟、社會學科之跨領域研討
會，此領域的探討與研究著作，逐漸豐富。此外，
二〇二一年吳志軒於香港出版《本自具足：佛教經

32　池祥麟，〈佛法、企業社會責任與社會責任投資〉，《聖嚴研究》第十輯，臺北：法鼓文化，2018 年，頁 317-368。

33　詹場的相關論文：〈佛法、股票市場和良善金融〉，《聖嚴研究》第十輯，臺北：法鼓文化，2018 年，頁 255-315，〈佛法與公司財務管理〉，《聖嚴研究》第十二輯，臺北：法鼓文化，2019 年，頁 149-196。

34　謝俊魁、顏美惠，〈「四要消費者」的需求函數〉，《聖嚴研究》第九輯，臺北：法鼓文化，2017 年，頁 113-195；〈四福與企業永續發展〉，《聖嚴研究》第十二輯，臺北：法鼓文化，2019 年，頁 197-233；〈心五四能否提昇經濟行為的利他傾向？〉，《聖嚴研究》第十五輯，臺北：法鼓文化，2022 年，頁 309-374。

濟觀與永續發展》、周賓凰於二〇二二年出版《佛
教經濟學：以智慧為依歸‧永續的經濟學》，均是
將佛法運用於當代經濟行為之中的著作。

二｜原始佛教之經濟生活

　　人類為維持基本生存或尋求物質生活之滿足，
必須覓取物資；但由於社會上資源有限，而欲望無
窮，因而導致經濟問題的發生[35]。經濟學正是一門
學問，研究人類如何選擇使用有限的生產資源，以
及生產不同的貨品或服務，來滿足無窮盡的欲望，
並將之分配給社會中不同的成員。經濟學中探討人
類經濟行為[36]所發生的經濟活動包括：消費、生產
及分配，可用以下簡單之經濟活動循環圖表示之：

35　參考《中華百科全書》中「經濟學」條，吳永猛之解釋。
36　吳永猛：「以有償的獲得生活物質，來滿足人類慾望的行為，稱
　　謂經濟行為。換言之，無償的獲得自由財之行為，或以竊盜方
　　式奪取之財貨的行為，皆不得稱之為經濟行為。」《中華百科全
　　書》「經濟行為」條。

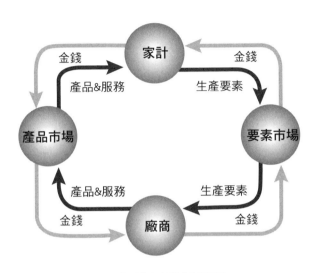

圖一 **經濟活動循環圖**

　　佛教經濟學則是探討以佛法的觀點從事之生
產、消費、分配等經濟行為；換言之，是一種經由
佛陀教導的經濟行為，涵蓋人的身心、人與人、人
與社會、及人與環境間之關係。本節從經濟活動的
角度，藉由前人的研究成果及經律典籍文獻，探討
僧團及居士們的經濟行為模式，從中分析佛教經濟
學核心思想及與主流經濟學的差異。

1. 僧團經濟生活

　　近代佛教經濟學者，如普賴爾（一九九○、一九九一）[37]、巴如多尊者（一九九四）[38]、釋繼雄（一九九四）[39] 及李佳靜（二○○六）[40] 等，分別就《南傳大藏經》[41] 及大乘經律典籍[42]，分析佛制僧團之經濟制度。總結有關僧團經濟生活之指導原則，可以描繪出原始佛教僧團的經濟生活模式如表二：

37　Pryor, F. L., "A Buddhist Economic System – In Principle: Non-attachment to worldly thing is dominant but the way of the law is held profitable." *American Journal of Economics and Sociology*, Vol. 49, No.3, 1990, pp. 339-349.
Pryor, F. L., "A Buddhist Economic System – In Practice: The rules of state policy making of the ideal kings sought a 'middle way' between right and left", *American Journal of Economics and Sociology*, Vol. 50, No.1, 1991, pp. 17-32.

38　Payutto, P. A., *Buddhist Economics: A Middle Way for the Market Place,* 2nd ed., Bangkok: Buddhadhamma Foundation, 1994.

39　釋繼雄，〈初期佛教的經濟倫理〉，《諦觀》，1994 年。

40　李佳靜，〈早期佛教僧團管理的經濟制度 —— 利和同均〉，《宗教學研究》第 2 期（成都：四川大學道教與宗教文化研究所，2006 年 6 月），頁 183-188。

41　又作巴利藏（Pāli Canon），包含律藏（Vinaya Pitaka）、經藏（Sutta Pitaka）、論藏（Abhidhamma Pitaka）三大部分。其中經藏包含長部（Dīgha Nikāya, D.）、中部（Majjhima Nikāya,

表二 原始佛教僧團經濟行為模式

	經濟行為	內容
1	必需物資	飲食、衣服、臥具、湯藥,出家人應滿足於所得到的四種物資。[43]
2	生產方式	正命:如法取得 —— 乞食、居士供養;不得以不如法方式(邪命)貪取財物。[44] 邪命:下口食、仰口食、方口食、四維口食。[45]
3	消費方式	不為娛樂、縱欲、或美味,單純只為維生而消費。[46]
4	分配原則	利和同均:不貪求物資,滿足於所獲得的物資,並與僧眾們分享。[47]
5	財產／財富	公有財產:捨棄財產、無私有財產;[48]心靈、物質財富。
6	時間分配	乞食、禪修、遊化、休息。
7	生活態度	沒有時,不起煩惱;有時,也不貪著。[49]

資料來源:本研究整理。

M.)、相 應 部(Saṃyutta Nikāya, S.)、增 支 部(Aṅguttara Nikāya, A.)、小部(Khuddaka Nikāya)。

42 參考《阿含經》、《四分律》(*Dharmagupta Vinaya*)、《佛垂般涅槃略説教誡經(佛遺教經)》(*Mahaparinirvana Sutra*)、《摩訶僧祇律》(*MahaSangha Vinaya*)、《十誦律》(*Sarvastivada Vinaya*)。

43 Payutto, P. A., *Buddhist Economics*, chapter 5: "A monk in this Teaching and Discipline is well content with whatever necessities, robes, alms food, and dwellings he is given, and praises contentment with whatever necessities are given." [A.II.27];亦可參考 Ariya-vamsa Sutta。

44 Payutto, P. A., *Buddhist Economics*, chapter 5: "The monk does not greedily seek the possessions in unscrupulous ways." [A.II.27]

　　表二描繪出原始佛教的僧團經濟生活：以四種必須物資為滿足，過著乞食的正命生活，只為維生而消費，並將所獲得的物資與僧眾們分享，大家共同過著和諧、安定的生活。學者們認為，佛

45　「尊者舍利弗言：『姊妹！諸所有沙門、婆羅門明於事者、明於橫法、邪命求食者、如是沙門、婆羅門下口食也。若諸沙門、婆羅門仰觀星曆（象），邪命求食者，如（則）是沙門、婆羅門則為仰口食也。若諸沙門、婆羅門為他使命，邪命求食者。如是沙門、婆羅門則為方口食也。若有沙門、婆羅門為諸醫方種種治病，邪命求食者，如是沙門、婆羅門則為四維口食也。姊妹！我不墮此四種邪命而求食也。然我，姊妹！但以法求食而自活也，是故我說不為四種食也。』」《雜阿含經》卷 18，CBETA, T02, no. 99, pp. 131c22-132a3。

46　Payutto, P. A., *Buddhist Economics*, chapter 3: "We take alms food, not for the purpose of fun, not for indulgence or the fascination of taste, but simply for the maintenance of the body. "[M.I.10; Nd. 496]

47　Dharmagupta Vinaya，CBETA, T22, no. 1428, p.789，CBETA, T22, no. 1428, p.855。The requisites, such as food and robes, we obtained should be shared with all monks in the saṅgha.

48　「彼於異時，捨家財產，捐棄親族，剃除鬚髮、服三法衣，出家修道，與出家人同捨飾好，具諸戒行，不害眾生。」《長阿含經》卷 13，CBETA, T01, no. 1, p. 83, c12-14。

49　Payutto, P. A., *Buddhist Economics*, chapter 5: "If the monk does not obtain any requisites, he is not vexed; if he obtains any requisites, he is not attached, not enamored of it and not pleased over it." [A.II.27]

教僧團經濟之核心思想，可以「六和敬」（巴利文：cha sārāṇīyā dhammā）[50] 中之「利和同均」（巴利文：sādhāraṇabhogitā）[51] 詮釋之。如《憍賞彌經》（*Kosambiya Sutta in the Sāmagāma Sutta*）云：

> 諸比丘！復次，凡比丘如法之所得，依法得者，乃至僅盛於一者，將如是所得，無差別食者，與具戒之同修行者，共食者也。是〔為可念、可愛、可尊重之法，〕資於〔攝受、無諍、和合、〕一性者也。[52]

「利和同均」意為僧團全體僧眾和樂、和諧、

50　六和敬：指六種和同愛敬，又作六慰勞法、六可喜法、六和。《中阿含經》中包括：1. 身和敬，2. 口和敬，3. 意和敬，4. 戒和敬，5. 見和敬，6. 利和敬。另據《祖庭事苑》卷五列舉出「六和」，即：1. 身和共住，2. 口和無諍，3. 意和同事，4. 戒和同修，5. 見和同解，6. 利和同均。

51　李佳靜（2006）直接指出僧團的經濟制度核心為「利和同均」，其他研究雖討論此運作方式但未用此名詞。

52　《漢譯南傳大藏經・中部經典二・四八 憍賞彌經》，頁48。（臺灣元亨寺版）

平等地分享所需、所得之物資，且滿足於所得之物資；這是一種均等、公平的分配原則，可說是經濟生活中的最高境界。

　　戒律中出家人不捉持金銀生像，故經濟行為模式是直接接受物質供養，完全不用金錢的一種簡單的經濟生活。由佛陀的經濟生活指導原則，可知出家人應全心投入於修道生活，將物質欲望降到最低，僅為了維持生命而獲得及消費四種生活必需品（飲食、衣服、臥具、湯藥）。除了和合的分配原則，佛陀很重視如法取得四事，稱之為「正命」[53]，從《中阿含經》中可看到佛陀對「正命」的教導：

---

[53] 「何等為正命？正命有二種。有正命，是世、俗，有漏、有取，轉向善趣；有正命，是聖、出世間，無漏、不取，正盡苦，轉向苦邊。何等為正命世、俗，有漏、有取，轉向善趣？謂如法求衣食、臥具、隨病湯藥，非不如法，是名正命世、俗，有漏、有取，轉向善趣。何等為正命是聖、出世間，無漏、不取，正盡苦，轉向苦邊？謂聖弟子苦苦思惟，集、滅、道道思惟，於諸邪命無漏、不樂著，固守、執持不犯，不越時節，不度限防，是名正命是聖、出世間，無漏、不取，正盡苦，轉向苦邊。」《雜阿含經》卷 28，CBETA, T02, no. 99, p. 203, c3-13。

諸賢！云何正命？謂聖弟子念苦是苦時，集是集、滅是滅，念道是道時，或觀本所作，或學念諸行，或見諸行災患，或見涅槃止息，或無著念觀善心解脫時，於中非無理求，不以多欲無厭足，不為種種伎術呪說邪命活，但以法求衣，不以非法，亦以法求食、床座，不以非法，是名正命。[54]

　　由此，八正道之一「正命」，是為了維持生命，如法接受信眾的供養，不以多欲貪求之心、或以農作、算命、經商、行醫等「邪命」謀求生活所需。為了維持利和同均的僧團經濟機制，少欲知足、不貪求、不執著於物質的生活態度，是佛陀所強調的。而這樣的態度，必須透過修行而達成。巴如多尊者（一九九四）[55]指出，僧眾們沒有豐富

54　《中阿含經》卷 7〈3 舍梨子相應品〉，CBETA, T01, no. 26, p. 469, b6-13。

55　Payutto, P. A., *Buddhist Economics: A Middle Way for the Market Place,*

的物質而能過著和樂的生活，這不僅是因為僧團有
戒律，而是僧眾們透過修行而開發五種善根：信心
（巴利文：saddhā）、精進（巴利文：viriya）、正
念（巴利文：sati）、禪定（巴利文：jhāna）及般
若（巴利文：paññā），使戒律更臻圓滿。僧眾們時
時體念苦的現象及苦的原因，透過精進的戒、定、
慧修行及適當的經濟生活，而朝向自身及幫助眾生
得解脫的方向前進。

2. 居士經濟生活

家庭是人類社會的基礎，在佛陀時就非常地重
視家庭生活，從阿含經典與律部中有關經濟生活的
相關文獻，以及巴如多尊者（一九九四）、釋淨因
（一九九三）[56]、釋繼雄（一九九四）[57]及張李麗
玲（二〇一〇）[58]等之相關研究，使我們能具體了

2nd ed., Bangkok: Buddhadhamma Foundation, 1994, pp. 71-74.
56 釋淨因，〈論佛教的財富觀〉，《法音》，1993 年。
57 釋繼雄，〈初期佛教的經濟倫理〉，《諦觀》，1994 年。

解佛陀不僅指導出家僧眾，對在家居士的經濟生活
方式，也做了詳細的教導，茲將佛制居士之經濟生
活模式整理如表三：

表三 佛制居士之經濟行為模式

	經濟行為	內容
1	必需物資	金錢、多於四種資財。
2	生產方式	正命：除五種邪命。 邪命：販賣刀劍、販賣人口、販賣肉、販賣酒、販賣毒品。[59]
3	消費方式	等入等出，不過分奢侈，亦不應過分吝嗇。[60]
4	所得分配	世俗立場：自食用、營業務、貯藏、出息利、娶婦、作屋宅。 宗教立場：食知止足、修業勿怠、當先儲積、耕田商賈擇地置牧、當起塔廟、立僧房舍。[61]

（續）

58　張李麗玲，《初期佛教財富觀研究》，嘉義：南華大學宗教學研究所碩士論文，2010 年。

59　同上，頁 42，或 Payutto（1994），頁 92。有關「五種邪命」，在《南傳藏經·增支部》A5. 177（PTS. A.III. 207）所言，與漢譯經典略有差異，如「五種販賣：酤酒、賣肉、賣毒藥、賣刀劍、賣女色，除此惡業此謂正命。」《文殊師利問經》卷 1〈14 字母品〉，CBETA, T14, no. 468, p. 499, c1-2。

60　「云何為正命具足？謂善男子所有錢財出內稱量，周圓掌護，不令多入少出也、多出少入也。如執秤者，少則增之，多則減之，知平而捨。如是，善男子稱量財物，等入等出，莫令入多出少、

	經濟行為	內容
5	財產／財富	私有財產；心靈、物質財富。
6	時間管理	工作、禪修、休閒。
7	生活態度	禁止放逸的生活 —— 六種損財業： 1. 飲酒放逸；2. 非時在街道遊蕩；3. 迷於妓樂； 4. 賭博；5. 親近惡知識；6. 怠惰。[62]

資料來源：本研究整理。

———

出多入少，若善男子無有錢財而廣散用，以此生活，人皆名為優曇鉢果，無有種子，愚癡貪欲，不顧其後。或有善男子財物豐多，不能食用，傍人皆言是愚癡人如餓死狗。是故，善男子所有錢財能自稱量，等入等出，是名正命具足。」《雜阿含經》卷4，CBETA, T02, no. 99, p. 23, b11-21。

61　關於所得分配，綜合幾部經典之內容：
1. 世俗立場：《長部 31 經》、《雜阿含 1283 經》卷 48 之內容為：「始學功巧業，方便集財物，得彼財物已，當應作四分，一分自食用，二分營生業，餘一分藏密，以擬於貧乏。」（CBETA, T02, no. 99, p. 353, a28–b3）；《中阿含 135 經》卷 33 為：「後求財物已，分別作四分，一分作飲食，一分作田業，一分舉藏置，急時赴所須，耕作商人給，一分出息利。第五為娶婦，第六作屋宅，家若具六事，不增快得樂。」（CBETA T01, no. 26, p. 642, a3-8）
2. 宗教立場：《長阿含經》卷 11 中言：「一食知止足，二修業勿怠，三當先儲積，以擬於空乏，四耕田商賈，擇地而置牧，五當起塔廟，六立僧房舍；在家勤六業，善修勿失時。」（CBETA T01, no. 1, p. 72, b20-24）

62　「佛告善生：六損財業者：一者耽湎於酒，二者博戲，三者放蕩，四者迷於伎樂，五者惡友相得，六者懈墮，是為六損財業。」《長阿含經》卷 11，CBETA, T01, no. 1, p. 70, b25-27。

居士無法如出家人一般，放下家庭及財產專心修行，故居士的經濟活動範圍比出家人更大、更多元。在經濟社會中，每一個人可以是生產者，也是消費者，佛陀強調中道的經濟生活，即「正當、如法」地取得經濟所得，以及適當地分配所得。謀生的方式，在經濟學中稱之為就業，對於何種方式，並未加規範；而佛教重視「正命」，不僅是要符合國家法令，還必須要符合佛法，即合法和非暴力取得所得[63]。佛陀列出五種邪命：販賣刀劍、販賣人口、販賣肉、販賣酒、販賣毒品，這些會危害他人的行業，大眾不應該從事；其餘士、農、工、商等正當的行業皆可選擇。

至於消費的態度，佛陀認為必須要「等入等出，莫令入多出少，出多入少」，亦即在家人需清楚自己的收入及支出，過著均衡的生活，不過於奢

63　參考《南傳藏經・相應部》，S. IV. p.332，取財的方法分為三種：1. 依非法和暴力；2. 依非法和暴力與依合法和非暴力同時並存；3. 依合法和非暴力。

侈，亦不過於吝嗇。等入等出的消費行為，意味著以合理的方式使用所得，不至於過於浪費或吝嗇。而合理的所得分配，佛陀建議可以分為四份到六份，除了日常生活所需，還包括營業用、儲蓄、利息、嫁娶、置產等等；若考慮到宗教立場，還包括了護持道場，起塔廟、建僧房等。

就現代人而言，擁有財產是件很重要的事，並能產生安全感，然從《應食經》中可見到佛陀所詮釋財產之意義：

(1) 使自己、父母、妻子、奴僕和佣人得樂、豐饒、幸福。

(2) 使友人、知己得樂、豐饒、幸福。

(3) 防禦水、火、惡王、盜賊、不肖子孫的災害，使自己安全無事。

(4) 將此財貢獻予親族、客人、祖先、國王、神明。

(5) 供養沙門婆羅門，遠離狂醉放逸；安住於

忍辱柔和來調伏自己，使自己寂靜、安泰；進
而生到天國，享受樂果及天國勝妙的物質。[64]

依此，可以看到擁有財產，並不只是為自己的
生存，而是為了帶給家人、親友幸福，也是防災解厄
之用途，更可以供養僧眾，廣種福田。若能有這樣的
觀念，世間爭奪財產的事件，應是不可能發生的。

就生活態度而言，佛陀指導居士們過著勤勞、
精進的生活，禁止放逸的生活。在《長阿含經》中
有所謂的六種損財業（表三）。這六種行為均可能
造成傾家蕩產、家破人亡的悲劇，亦是擾亂社會秩
序的行為，故佛教嚴加禁止。由此可看出，佛陀希
望居士們將時間用在正當的工作上、精進修行上、
利益他人上，禁止過分奢侈、享樂的生活和無謂的
財富浪費。

由此，在家人若能依法過著中道的經濟生活，

---

64 《應食經》A.III. pp.46-47；引自釋繼雄，〈初期佛教的經濟倫
理〉。

亦即正命、布施的經濟生活，避免放縱欲望便能達
到佛陀所說明在家生活的四種快樂：

(1) 所有樂 —— 享受依法取得的財富與經濟
上的安全感。

(2) 受用樂 —— 以此財富用於自己、家庭、
親友身上，以及行善作福。

(3) 無債樂 —— 對任何人皆無有負債。

(4) 無罪樂 —— 淨信的信眾可過著身、口、
意三業清淨的生活。[65]

三｜佛教經濟學之思想

從原始佛教僧團及居士的經濟生活，可明顯
地看出，佛教經濟原理與西方主流經濟學無論在消
費、生產及分配等經濟活動，均截然不同。西方主

《適切業經》A.II. pp.69-70；引自釋繼雄，〈初期佛教的經濟倫
理〉。

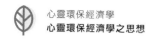

流經濟學以物質、數量架構經濟體系，在合法的情況下，消費者追求最大效用，生產者追求最大利潤，並追求累積最大財富，種種經濟活動過程中，任由「欲望」之驅動，不考慮人道及倫理等「質」之因素。佛教經濟學則是探討在有限的資源下，將個人的「欲望」降至最低，並在「利他」的思維下，個人及社會透過智慧與慈悲的經濟行為及活動，而能離苦得樂，達到涅槃之終極目標。[66]

泰國佛教學者巴如多尊者（一九九四）[67]，在《佛教經濟學》一書中分析，人類的「欲望」有兩種，一種是「貪欲」（巴利文：taṇhā）[68]，另一種是「善欲」（巴利文：chanda）[69]。「貪欲」，也

66　Apichai Puntasen (2008): "Buddhist Economics is the subject explaining economic activities with the aim for both individual and society the achieve peace and tranquility under resource constraint."

67　參考 P. A. Payutto 尊者，*Buddhist Economics*, 1994, pp. 33-36。

68　Taṇhā，譯為渴愛、愛、愛欲、貪欲，為十二因緣之一支，通常譯為愛。

69　Chanda，譯為欲、欲望、志欲、意欲、意樂。

翻譯為愛、渴愛，基於「無明」（巴利文：avijja）
而產生，是緣感官的受而生的貪欲或愛，導致對物
質、財富及私利的追求，並成為「苦」（巴利文：
dukkha）的來源；亦即形成十二因緣的生死流轉
（圖二）。

　　「善欲」，中文又翻譯為欲、志、願、善法
欲，此以「般若」（巴利文：paññā）為主導而產
生，是一種棄惡修善、自利利人、對法的希求，驅
使對內在幸福及大眾利益的追求。貪欲與善欲同出
一源，均以追求所喜歡的事物為基本性質，並驅動
人類積極從事某種事業，可說是人性中本有的一種
源源不絕的力量[70]。兩者的差別在於無明或般若的
引導，走上自私自利、自我毀滅；或利他行善、成
佛之道兩種全然不同的方向。

　　佛陀證悟到眾生在三界六道輪迴的「苦」，
是因為追求快樂、滿足欲望的種種貪欲或渴愛而形

70　陳兵，〈佛教的人生欲望觀〉，《禪》第 4、5 期，2001 年。

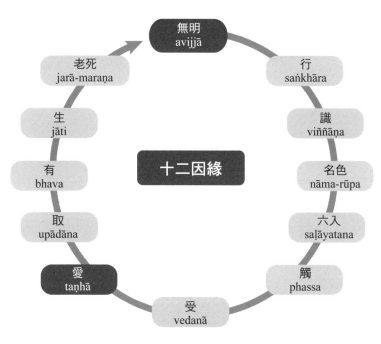

圖二 十二因緣生死流轉

成,故須破除一切欲望、斷除貪欲之心,才能從所有的煩惱即善惡之中解脫出來,由生死的三界,進入寂滅的涅槃境界,這才是應該要追求的終極之樂[71]。佛陀所教導離苦得樂的方法,是不苦不樂

71　釋聖嚴,〈佛陀的根本教義〉,《佛教入門》:《法鼓全集》第
　　5 輯第 1 冊,2020 紀念版,頁 62。

的中道，可由八正道開演出三十七道品之修行體
系⁷²，又歸納演化為六度，亦融攝於戒、定、慧三
學之範圍。⁷³

　　如《大般涅槃經》中云：「善欲即是初發道
心，乃至阿耨多羅三藐三菩提之根本也，是故我說
欲為根本。」⁷⁴三學、三十七道品之修行體系中，

72　參考釋聖嚴，《戒律學綱要》，《法鼓全集》第 1 輯第 3 冊，
　　臺北：法鼓文化，2020 紀念版，頁 170；簡要說明「三十七道
　　品」：
　　1. 四念處 —— 觀身不淨、觀受是苦、觀心無常、觀法無我。
　　2. 四正勤 —— 未生惡不生、已生惡滅除、未生善令生、已生善
　　增長。
　　3. 四如意足 —— 欲（慕樂修持之法）、念（一心正住其境）、
　　精進（修習不懈）、慧（思惟心不散）。
　　4. 五根 —— 信（信於正道）、精進（勤求不息）、念（一心觀
　　想）、定（一心寂定）、慧（內性自照）。
　　5. 五力 —— 由五根而發生五種力量，破除五障；信力遮煩惱、
　　進力除懈怠、念力破邪想、定力破妄想、慧力破一切邪外。
　　6. 七覺支 —— 念（思念修諸道法，而使定慧均等）、擇法（以
　　智簡擇法之真偽）、精進（以勇猛心離邪行、行正法）、喜
　　（心得善法，即生歡喜）、輕安（斷除身心麤重，身心輕利
　　安適）、定（心住一境）、行捨（捨諸妄謬、捨一切法）。
　　7. 八正道 —— 正見、正思惟、正語、正業、正精進、正定、正
　　念、正命。

73　參考釋聖嚴，〈第四篇 六度與十力〉，《神會禪師的悟境》，
　　《法鼓全集》第 4 輯第 14 冊，2020 紀念版，頁 97-98。

「善欲」被稱之為還滅的根本[75]。依此，修行四念處、四正勤、四如意足，可袪除五蓋[76]，產生五種善根：信、勤、念、定、慧，再依據五根而生起五種破惡成善的力用：五力。法師論述五根培養的次第：

> 先修「四念處」——主要修觀、修定；然後用「四正勤」來修四念處——以精進的心既修觀修慧，又修禪定；再以四正勤的功能修四種神足，即「四如意足」，四種神足就是四種定。觀慧和禪定的功能產生之後，信心就會穩固，第一根的信就產生了。[77]

74　《大般涅槃經》卷 38〈迦葉菩薩品 12〉，CBETA, T12, no. 374, p. 587, a28-b1。

75　「流轉還滅根本故者。謂欲。由善法欲乃至能得諸漏永盡。是故此欲名還滅根本。」《瑜伽師地論》卷 88，CBETA, T30, no. 1579, p. 797, b9-11。

76　五蓋：貪、瞋、睡眠、掉悔、疑。

77　釋聖嚴，〈何謂五根及五力？〉，《三十七道品講記》，《法鼓全集》第 7 輯第 11 冊，臺北：法鼓文化，2020 紀念版，頁 107-108。

　　而信能引發善欲、法欲或願欲，再引發勤根，
如印順導師於《學佛三要》中所言：

　　佛法中說：「信為欲依，欲為勤（精進）
　　依」。依止真切的信心，會引起真誠的願欲。
　　有真誠的願欲，自然會起勇猛精進的實行。由
　　信而願，由願而勇進，為從信仰而生力量的一
　　貫發展。精進勇猛，雖是遍於一切善行的，但
　　要從信願的引發而來。[78]

　　修行者透過精進用功而開發般若，不僅是自
利，更是利他的追求，如圖三。

　　由上分析，西方主流經濟學家所觀察及分析的
經濟行為與活動，便是由「貪欲」所驅動的經濟行
為，追求更多的物質、利益來滿足無盡的欲望，此
種不斷向外擴張的行為模式，導致地球的破壞及經

78　釋印順，《學佛三要》，CBETA, Y15, no. 15, p. 69, a4-7。

圖三 **五善根**

濟問題更見複雜與嚴重。而佛陀教導之經濟行為，
便是透過戒、定、慧之修行，降低貪欲而增長善
欲，是一條引導眾生走上解脫生死流轉的道路，並
達到涅槃的終極目的，此時亦是達到離苦得樂、般
若之境界。歐洲經濟學家索爾奈對佛教經濟學與主
流經濟學兩者的比較為：

　　西方經濟學呈現一種最大化的框架
（framework）：希望利潤最大化，欲望、市
場、資具的使用、及自身利益最大化；並朝向

於建立一個「愈大愈好」、「更多再更多」的
世界。然而，佛教經濟學表達了一種最小化的
框架：痛苦、欲望、暴力、資具的使用，和自
身利益最小化。這是為什麼說，「小即是美」
和「少即是多」正能適度的表達出以佛教的方
法來面對經濟問題的本質。[79]

西方主流經濟學建構於最大欲望的追求之下，此
乃立足於生死流轉的現象上。然佛教經濟思想，是直
探人類問題之根源，教導人們從對治貪欲下手，即轉
化十二因緣之愛支，而走上生死還滅之道。換言之，

---

79 譯自 Laszlo Zsolnai, "Buddhist Economics for Business.", in *Ethical Prospects: Economy, Society and Environment*, eds. Laszlo Zsolnai, Zsolt Boda, and Laszlo Fekete, Springer, 2009。原文為：Western economics represents a maximizing framework. It wants to maximize profit, desires, market, instrumental use, and self-interest and tends to build a world where"bigger is better" and "more is more". However, Buddhist economics represents a minimizing framework where suffering, desires, violence, instrumental use, and self-interest have to be minimized. This is why "small is beautiful" and "less is more" nicely express the essence of the Buddhist approach to economic questions。

透過戒、定、慧三學之修行，依「正命」而生活，消
費者少欲知足，生產者因利他而生產，透過「利和同
均」之分配原則，帶給社會心靈及物質之福祉。

CHAPTER 3

心靈環保經濟學
之實踐

　　依據佛教經濟思想之分析,欲徹底解決當今
世界所面臨的經濟局面,若僅著力於各種財政政
策、貨幣政策、價格政策等,而未針對「欲望」或
「心」下手,問題仍將持續燃燒,甚至愈演愈烈。
法師走遍全球,呼籲「心靈環保」,一方面傳承漢
傳佛教經濟生活,以漢傳禪佛教的觀念及方法,幫
助學佛者達到頓悟,對於無法當機頓悟的人,也教
導從次第法之三十七道品修行練習,再接續用頓悟
的漢傳禪法,使之容易得力[1];另方面提倡「心五
四」經濟生活,以現代人容易理解及實踐的法鼓山
理念,來教導大眾。兩個層面的方法,都是降低自
私貪欲,並增長利他善欲的方法,使大眾能多關懷
地球、多照顧全體人類,讓經濟的問題得以減弱、
地球的破壞得以減緩、眾生的利益得以平等,人類
才能得到真正的快樂,世界方能走向和平。

　　本章從法師的著作及開示中,首先分析現代僧

1　釋聖嚴,〈伍、七覺支講記〉,《三十七道品講記》,《法鼓全
集》第 7 輯第 11 冊,臺北:法鼓文化,2020 紀念版,頁 153。

團及居士之佛教經濟生活的指南。其次以心五四為
行為準則，架構出心靈環保之經濟生活體系。最後
比較主流經濟學、佛教經濟學及心靈環保經濟學之
經濟生活模式。

一｜現代佛教經濟生活

處於二十一世紀的文明，現代僧團及佛教居士
是否能依照佛陀的教導，過著簡樸的經濟生活？本
文從法鼓山的現代佛教經濟活動，包括僧團的經濟
生活機制，以及聖嚴法師所提出佛化家庭的經濟生
活內容，建構現代僧團及居士的經濟行為模式，如
表四。

表四 **現代佛教經濟行為模式**

	經濟行為	法鼓山僧團經濟生活	現代居士經濟生活
1	必需物資	金錢、飲食、衣服、臥具、湯藥……。	金錢、多於四種資財。
2	消費方式	正念消費	
		不私蓄財物[2]；不擁有過多的財物。[3]	量入為出，妥善規畫。
3	生產方式	正命生產	
		信施供養金錢、物品。[4]	正命營生，不違五戒。[5]
4	分配原則	利和同均	
		僧團統一供應所需物資。[6]	孝養周濟，布施行善。
5	財產／財富	心靈財富	
		公有財產：捨棄財產、無私有財產；[7] 心靈與物質財富。	私有財產；心靈與物資財富。
6	時間分配	執事、修行、休息。	工作／義工、修行、休息／休閒。
7	生活態度	知足：多也好，少也好，好到皆大歡喜。[8]	遵守五戒十善、環保節約之精神。

資料來源：本研究整理。

2　《法鼓山僧團共住規約》3.3.3.8。

3　聖嚴法師 2002 年 9 月 15 日之早齋開示：「有的人擁有太多的衣服、書籍、或生活所需的東西，其實這不是需要而是想要，是不許可的。」

4　《法鼓山僧團共住規約》3.3.3.9。

5　參考釋聖嚴，〈佛化家庭〉，《平安的人間》，《法鼓全集》，第 8 輯第 4 冊之二，2020 紀念版，頁 82-83。

1. 法鼓山僧團之經濟機制

本文依據《法鼓山僧團共住規約》、《聖嚴法師早齋開示》、〈聖嚴法師遺言〉等相關資料,建構法鼓山僧團的經濟行為模式,以考察法鼓山僧團是否仍能維持原始佛教僧團的經濟結構。

如表四第二欄所示,法鼓山僧團之經濟生活,仍保持著原始佛教經濟生活之精神:利和同均之經濟體制,並維持傳統正命的生活方式,接受十方信施之供養,過著少欲知足,以利他為先的經濟生活。對照表二,法鼓山僧團與原始佛教僧團在經濟生活上最大的差異,乃在於金錢的使用與物資之種類。原始佛教僧團僅有四資具,然現代僧團生活中,出家人所使用的物資已不只四種必需品,物資

6　《法鼓山僧團共住規約》3.3.3.8。

7　聖嚴法師 2003 年 1 月 10 日之早齋開示:「凡是來出家的人,不要帶金錢或任何財產進入法鼓山僧團。」

8　釋聖嚴,從〈〈大悲咒〉談如何祈福有福〉,《佛法的知見與修行》,《法鼓全集》,第 5 輯第 8 冊之二,2020 紀念版,頁 238。

使用型態也有了變化，如表五所示：

表五 原始僧團與法鼓山僧團物資之差異

	物資	佛陀僧團	法鼓山僧團
1	金錢	不持	方便能持。
2	飲食	乞食；過午不食	過堂：食存五觀[9]；持午為方便能持。
3	衣服	糞掃衣	縫紉室：統一提供僧服及相關衣物。
4	住宿	樹下宿	寮房設計的原則為私人空間要小，公共空間要大，寮房空間只是為了睡覺。[10]
5	湯藥	陳棄藥	省行堂：統一醫療照顧。

資料來源：本研究整理。

　　由佛陀時代乞食的經濟生活至現代以金錢運作為主之經濟生活，現代僧團必須另外建立一套經濟體制，一方面保有出家修行的精神，另方面也適應現代的環境。為此，法鼓山僧團成立了「僧眾基

9　《毗尼日用切要》卷 1，CBETA, X60, no. 1115, p. 159, a24 // Z 2:11, p. 67, b3 // R106, p. 133, b3，僧團將「食存五觀」之內容懸掛在僧團齋堂：「計功多少，量彼來處。忖己德行，全缺應供。防心離過，貪等為宗。正事良藥，為療形枯。為成道業，應受此食。」

10　聖嚴法師 2001 年 1 月 6 日之早齋開示。

金」，所有的「供僧」的供養金均存入此基金，提
供所有僧眾之各項需求。所以出家時，要僧眾不
帶金錢、財產等進僧團，僧團對僧眾提供了相當充
足的照顧，所有的日常所需、飲食、衣物、辦公設
備、交通、醫療等，全數供應，能夠滿足出家人的
基本需求。雖然僧團提供所有需求，然僧眾是方便
能持銀錢戒，僧團每個月發給住眾一些零用錢，以
防不時之需及個人所需。此外，僧團規定僧眾不得
有私有財產，所得到的供養、所得等，全數繳回僧
團，納入僧團基金，統一管理與使用[11]。

　　就飲食方面，異於佛陀時代的乞食方式，中國
僧團發展出過堂的方式，幫助僧眾在飲食時亦能修
行。法鼓山總本山的大寮（廚房），提供全山的飲
食，僧眾們在過堂時，透過「食存五觀」以降低貪
欲，為維持色身、成就道業而用餐。用餐時不挑剔

11　有關「金銀戒」之討論可參考 Ven. Bhikshuni Wu Yin, *Choosing Simplicity: A Commentary on the Bhikshuni Pratimoksha*, Ithaca, New York: Snow Lion Publications, 2001, pp. 233-238。

食物的美味，將所分到碗內的食物用完，最後並用開水洗碗，並將水喝下去，是惜福的作法，也讓碗筷容易清洗，因而節省洗碗用水。僧眾的衣服、臥具、醫藥亦統一由僧團提供，僧眾成立了縫紉室、省行堂（保健室）等單位，並有法師專司負責，提供所需物品。

僧眾住宿空間的設計理念為「私人空間要小，公共空間要大」，所以僧眾沒有個人的寮房，每間寮房三至四人，每人僅擁有一張床鋪、一個衣櫃，辦公、讀書、修行則至公共的辦公室、讀書室、佛堂進行。如此的設計，讓每位僧眾的自我縮小、心量放大。

此外，僧團對於死亡的處理，亦由聖嚴法師做了一個簡約的示範，如遺言中所述：

在我身後，不發訃聞、不傳供、不築墓、不建塔、不立碑、不豎像、勿撿堅固子。禮請一至三位長老大德法師，分別主持封棺、告別、

茶毘、植葬等儀式。務必以簡約為莊嚴，切勿
浪費鋪張，靈堂只掛一幅書家寫的輓額「寂滅
為樂」以做鼓勵；懇辭花及輓聯，唯念「阿彌
陀佛」，同結蓮邦淨緣。[12]

此一指示，除了告誡弟子不要留下任何身後
物，種種儀式的簡化，及最後採植葬的方式，相對
於現代喪禮之繁複，可以說是當代最佳的典範。

整體而言，法鼓山僧團的經濟機制相較於原
始佛教僧團，顯然已做了改變，而我們仍可看到核
心思想「利和同均」之分配原則，仍存在於法鼓山
僧團之中。聖嚴法師在一九七九年建立「三學研修
院」之僧團時，便將佛陀僧團的精神，融入於院訓
之中，並於每日早課後誦念，便是希望僧眾們能依
此指導原則，維持一和敬的僧團，院訓內容如下：

---

12 釋聖嚴，〈附錄 聖嚴法師遺言〉，《美好的晚年》，《法鼓全
集》第 6 輯第 16 冊，臺北：法鼓文化，2020 紀念版，頁 320。

本院以養成戒定慧三學並重之佛教青年人才
為宗旨。

本院同學應具備清淨、精進、少欲、無諍、
整潔、寧靜、和樂、自動、自律、自治之基本
精神，益以互敬、互助、直諒、多聞、切磋砥
勵、道業與學業並進，以達成研究與修持之崇
高心願。

本院同學應惜常住物，熱心大眾事，除因
公、上課、工作，不濫攀俗緣，不為娛樂及應
酬外出，對所分配之工作應盡力盡責做好，以
資養成福智雙運之美德及弘法利生之願力。[13]

法鼓山僧團是一個已經發展超過三十年的僧團
經濟範例，奠基於佛陀所教導的古老原則，以漢傳
禪法為修行法門，並建立適應於現代世界之規約。
如同李佳靜（二〇〇六）得出結論認為，「利和同

13　釋聖嚴，〈三學研修院院訓〉，《法鼓道風》，《法鼓全集》第
　　9 輯第 12 冊，臺北：法鼓文化，2020 紀念版，頁 127。

「均」是在平等、和諧與利他主義中的分配體制。這體制是建立在佛陀教誨的原理上，藉由個人培養戒、定、慧三學，得以從貪欲及自我中心獲得個人的自由。

從相關之學術研究，以及法鼓山僧團之範例，可知「少欲」、「利他」是影響個人和團體經濟行為的主要關鍵。僧團不只是靠著寺院規範來做為指導，也仰賴戒、定、慧三學的修習。若缺乏這些修行，強制性的規約與制度，無法使人減少貪欲、增長善欲，也將無法維持體制。

2. 現代居士經濟生活指南

本持著「淨化人間始於佛化家庭，建設佛化家庭始於佛化婚禮。」[14] 法鼓山於一九九四年舉辦首屆「佛化聯合婚禮」持續至二〇一八年，引導新人

14　釋聖嚴，〈禮儀環保的理念及作法〉，《法鼓山的方向：理念》，《法鼓全集》第 9 輯第 1 冊，臺北：法鼓文化，2020 紀念版，頁 127。

從一個符合佛教觀念的婚禮開始，朝向建立一個如法的佛化家庭。法師以為佛化婚禮的意義為：

> 在佛化婚禮主張素食、忌葷酒，即是不殺生、不飲酒的落實，使日後更能將五戒中的不邪淫、不偷盜、不妄語，切實地在家庭中實踐。此外，婚禮中不擺宴席，是符合環保節約的精神；由三寶來祝福新人，是婚禮中最大的禮物，比鑽戒、洋房更有意義。[15]

　　佛化聯合婚禮的舉辦，即是一場簡樸、環保、莊嚴、隆重的婚禮，也是一場知福、惜福的婚禮，是「心靈環保」經濟生活的開端。法鼓山並編輯《佛化家庭手冊》、《佛化婚姻與佛化家庭》等，期許在家人能以正確的心態與觀念，正視婚姻本

---

15 釋聖嚴，〈佛化聯合婚禮的意義及形式〉，《法鼓山的方向：關懷》，《法鼓全集》第 9 輯第 4 冊，臺北：法鼓文化，2020 紀念版，頁 27。

身是責任和義務的肯定與承擔，也是人生絕佳的歷練，來建立幸福美滿的家庭[16]。在這些佛化家庭生活的指導內容中，亦提供佛化家庭經濟收支的原則，如表四第三欄所列。

在生產或就業方面，強調「以正當職業謀取生活所需，儘量避免從事與五戒相違的職業」之正命生產。消費原則為量入為出，但也不可做財奴，只知賺錢而不用錢；且應消費利己利人的產品與服務，稱之為正念消費[17]。用錢方面，則可依：「家庭的生活、營利的資本、資產的增加、儲蓄生息、布施行善等五個方向來規畫。」[18]法師很強調經濟

16　參考釋聖嚴，《法鼓山的方向：關懷》，《法鼓全集》第 9 輯第 4 冊，臺北：法鼓文化，2020 紀念版。

17　參 考 Thich Nhat Hanh, "For A Future To Be Possible - Commentaries on the Five Wonderful Precepts"，一行禪師將五戒中之不飲酒戒詮釋為「正念消費」，即不消費菸酒、毒品、賭博等產品及服務。出處：http://www.abuddhistlibrary. com/Buddhism/G%20-%20TNH/TNH/The%20Five%20Precepts/ Five%20Wonderful%20Precepts.htm, 2012.10. 21。

18　釋聖嚴，〈佛化家庭〉，《平安的人間》，《法鼓全集》第 8 輯第 4 冊之二，臺北：法鼓文化，2020 紀念版，頁 83。

生活中之布施：

> 家庭經濟的基礎穩固了以後，除了家庭正常生活的所需，如果仍有餘力的話，就該用於家庭以外的福德，供養三寶及公益慈善等的事業中去了。所以《雜阿含經》中也說，居士的財產，應該分作三種用途：一是供養父母；二是養育妻子兒女，乃至周濟親屬、朋友、僕從等；三是供養沙門、婆羅門等宗教師。[19]

法師所提供的經濟生活原則，基本上是依據原始佛教居士經濟生活而來（表三），重點強調在私有財產制度下，居士們透過宗教生活的修持，過著正命營生、量入為出、布施行善的經濟生活，以達到利和同均的分配原則。

19　釋聖嚴，〈佛化家庭的生活指南〉，《法鼓山的方向：關懷》，《法鼓全集》第 9 輯第 4 冊，臺北：法鼓文化，2020 紀念版，頁 38。

除此,「利和同均」的分配原則,不僅是僧團經濟制度的中心思想,亦可擴及一般團體及社會,進而建設一個和樂的人間。然這樣的經濟分配制度,很容易被解釋為利益均等的分配,雖與資本主義社會的經濟制度中,所謂「個人擁有的資本愈多,享受愈多」完全不同;但也不是共產主義社會下,財產全部共有,表面上的齊頭式平等。

聖嚴法師認為由於每個人的能力、因緣、福報與智慧不同,所以機會與基礎可以是均等的,但個人發展卻不可能均等;同理,「基本上利益是普遍均等的,但是隨著個人器量大小不同,接受的程度也就有多與少的差異。」[20]

法師認為「利和同均」可以從制度層面及倫理層面來談。制度面指透過制度,一切物資、利益屬於人員、團體所共有。除了僧團經濟制度,全體

---

20 釋聖嚴,〈利合同均〉,《工作好修行 —— 聖嚴法師的 38 則職場智慧》,《法鼓全集》第 8 輯第 13 冊,臺北:法鼓文化,2020 紀念版,頁 121。

員工均持股的股份有限公司，每位員工均可分享公司的股利，中國古代大家庭的利益分配原則，均是「利和同均」的範例，即透過團體的制度，分享利益。

　　至於倫理的「利和同均」，是指不需要透過團體的制度，個人或企業將所得的利益、用不完的財富，以「取之於社會、用之於社會」的態度，捐給宗教團體、非營利組織，或從事社會福利[21]。此一以「利他」為出發點，透過「布施」之行為，將財富回饋於社會的作法，可讓我們的社會更和諧美滿。聖嚴法師對企業家們的呼籲如下：

　　　利和同均並不是共產主義齊頭式的平等，也不像資本主義是完全私有制。在現代社會中，有抱負、有遠見的企業家，不應只是為了讓自

21　釋聖嚴，〈利益為大家所共有〉，《工作好修行 —— 聖嚴法師的 38 則職場智慧》，《法鼓全集》第 8 輯第 13 冊，臺北：法鼓文化，2020 紀念版，頁 125。

己富有而賺錢，或是為了讓後代子孫衣食無憂
而經營，大企業家們應該要有利和同均的理想
和理念，才能夠把事業經營出大格局。[22]

「利和同均」之佛教經濟中心思想，對僧團
而言，是過著少欲知足的生活，僧眾們和諧、和樂
地共同分享所得到的供養。而對社會而言，此種原
則將引導大眾透過布施之行為，朝向利他主義之發
展，促進人類的福祉。法師認為要解決貧富懸殊的
社會現象，除了合理的經濟制度，鼓勵人人布施，
是最好的辦法[23]。在此，少欲是智慧的呈現，利他
是慈悲的表現，而以布施來貫串個人與社會，當慈
悲與智慧具足，便達到了「利和同均」之境界。

22　同上，頁 124。
23　釋聖嚴，〈佛教在二十一世紀的社會功能及其修行觀念〉，《學
　　術論考》，《法鼓全集》第 3 輯第 1 冊，臺北：法鼓文化，2020
　　紀念版，頁 463-464。

二│心五四的經濟生活

　　法鼓山所倡導的二十一世紀的生活主張 ──「心五四」運動，以現代人容易理解的方法，落實於經濟活動面，以開展「心」經濟生活，建構「心」經濟體制。即：以「四它」面對當代經濟情勢，以「四要」對治貪欲達到正念消費，以「四福」增長善欲達到正命生產，以「四安」促進「利和同均」的分配原則，以「四感」而獲得心靈財富。此經濟生活主張，讓佛教徒乃至非佛教徒都容易接受及落實，從心及觀念的轉變而產生行為的調整，對生產、消費及分配行為，均能產生直接的影響，引導大家走上正命、利他，少欲、知足的菩薩道。

1. 四它態度

　　面對當今相互衝擊的世界情勢，例如疫情，「心五四」生活主張中，解決困境的主張 ──

「四它：面對它、接受它、處理它、放下它」，正是適用於各個國家、地域、種族、性別、年齡的生活及職場的態度，法師進一步闡釋其意涵：

　　面對現實，必須學取經驗；接受現實，必須盡職負責；處理現實，必須盡心盡力；放下現實，乃是事過之後，不論解決或未解決，均宜如鳥行空，不留痕跡。這樣才能使你左右逢源，著著是活棋、處處有生路、時時遇貴人，這樣才能使你轉變愚癡而成智者。[24]

　　「四它」實則是將禪法融入於生活與職場中，遇到好事不會得意忘形，遇到壞事不致焦頭爛額，都能以平常心面對，踏實地奉獻一己所能、用心地體驗緣起法義；並以客觀的角度來觀察、反省，以慈悲對待人、以智慧處理事，就能夠在順境及逆境

24　釋聖嚴，《自家寶藏 ── 如來藏經語體譯釋》，《法鼓全集》
　　第 7 輯第 7 冊，臺北：法鼓文化，2020 紀念版，頁 58。

中遊刃有餘，自由自在地向前看、向前行了。

2. 四要消費

　　以需求為導向的「消費主義」（cosummerism），
主張以刺激消費者需求，來增加生產，此行為造成過
度的消費、過度的生產，導致資源的過度開發與浪
費。「四要」消費，正是為了釐清人類價值觀念，認
清「需要」、「想要」、「能要」、「該要」，聖嚴
法師於一九九八年提出的「四要」，內容為：

　　　　需要的不多，想要的太多；能要該要的才
　　　　要，不能要不該要的絕對不要。[25]

　　法師進一步說明，「需要」是指少了它就不能
活的必需品，基本的飲食、衣服、房子，甚至現代
社會中，基本的交通工具、電腦、電話都可說為必

25　釋聖嚴，《抱疾遊高峰》，《法鼓全集》第 6 輯第 12 冊，臺
　　北：法鼓文化，2020 紀念版，頁 121。

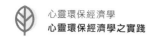

需品[26]。然而,現代人類不斷地追求需要的、想要的,甚至不能要的、不該要的都要,導致人心的不安定、社會及經濟問題叢生。法師說明「四要」的方法可以減少人類的貪欲:

　　貪欲心,是貪得無厭,對於一切順境,永遠貪求追取,沒有止盡,不僅為了滿足生理的欲望,主要是追求滿足心理的貪著。所謂欲壑難填,不僅為了需要,主要是為了想要的占有欲。因此我提出「四要」的方法,來幫助大家對治貪毒:「需要的才要,想要的不重要,能要該要的才要,不能要不該要的,絕對不要。」[27]

26　釋聖嚴,《平安的人間》,《法鼓全集》第 8 輯第 4 冊之二,臺北:法鼓文化,2020 紀念版,頁 21。
27　釋聖嚴,《自家寶藏 —— 如來藏經語體譯釋》,《法鼓全集》第 7 輯第 7 冊,臺北:法鼓文化,2020 紀念版,頁 57。

134

　　就消費面而言，「四要」可以引導消費者產生「正念消費」之行動力量。消費者可以觀照自己的消費行為，思考到底是需要？還是想要？什麼是該買？什麼是不該買？該買多少？消費者選擇對自己及他人身心有益的消費產品或服務，應避免消費對自己及他人身心有害的消費，如賭博、毒品等，以及會破壞自然生態、違反人道的產品及服務。甚而言之，消費後垃圾的處理，亦是個重要的議題；例如在沙灘上丟棄塑膠垃圾，造成海面的汙染及鳥類誤食的傷亡等自然生態的危害。簡言之，四要之「正念消費」，可使每個人更珍惜自然、人力資源，可以解決消費過度，以及因消費所造成生態環境破壞的種種問題。

　　若要能確實做到「四要」消費，對環境誘惑具免疫能力，亦不產生不好的心念，時時覺照起心動念，必須有相當的禪修工夫。由此，「四要」不僅是觀念，亦是一種心法，是透過禪法的練習，才能達到的般若智慧。

3. 四福生產

福，是幸福、福報，不僅是物質的、更是精神的財富。所謂四福，意為「對己擁有的要知福和惜福，對尚沒有的要種福和培福。」[28]，是一種為增進福祉的主張。

從生產面而言，「四福」中的培福、種福，可以引導生產者朝「正命生產」的方向思考與行動，包含幾個面向：

一是生產有利於大眾的產品及服務，如有機農場、環保產品的生產。

二是不生產有害他人的產品及服務，以及生產過程中不加入危害他人的原料。如開設賭場、生產毒品，二〇一〇年轟動臺灣的塑化劑事件、二〇一二年的瘦肉精事件、二〇一三年的油品事件、二〇一四年的餿水油、劣質油事件、二〇一五年飲料店驗出茶葉殘留農藥、二〇一七及二〇一九年的芬普

28　釋聖嚴，《兩千年行腳》，《法鼓全集》第 6 輯第 11 冊，臺北：法鼓文化，2020 紀念版，頁 244。

尼²⁹汙染雞蛋事件等均屬之。

　　三是不採用破壞大自然環境、剝削勞工、違反人道的生產過程，例如高山之濫墾，包括大量建築民宿、種植經濟作物、開發產業道路，導致水土保持破壞，而造成土石流；海邊水產養殖業的發展，造成地層下陷，水患成災。

　　四是賺取合理的利潤，以利他為生產的目的，而不是以最大利潤為目的。「四福」中的知福、惜福，亦能引導生產者合理地降低生產成本，並視生產為培福、種福的工作，成為一種以利他為導向的良性經濟活動循環。

　　若能知福、惜福，便不貪求；若能培福、種福，便能夠布施。四福可以說是善欲，啟動利他的心念與行為，不僅是追求個人的幸福，而是為社會大眾謀福祉，如法師在《自家寶藏 —— 如來藏經語體譯釋》所言：

29　芬普尼（拉丁語：fipronil），為農藥的一種。

以「四福」來莊嚴人間社會是：「知福才能
知足常樂，惜福才能經常擁有，培福才會增長
幸福，種福才會人人有福。」[30]

從經濟的角度而言，四福包含精神及物質的
財富，強調少欲知足的物質消費、節約簡樸的生活
方式，更強調布施、利他的生活態度。由於長期
以來，消費主義主張刺激消費以增加生產，而帶
動經濟成長，而造成對自然資源的破壞及貧富懸
殊之擴大，四福之經濟主張，正如歐洲經濟學者
布克爾特（Luk Bouckaert）、歐普德比特（Hendrik
Opdebeeck）、索爾奈（Laszlo Zsolnai）等所提倡的
節儉生活（*Frugality*[31]），是一種減緩發展、尊重
生態、重視精神生活，主張物質與精神平衡的經濟

———
30 釋聖嚴，《自家寶藏 —— 如來藏經語體譯釋》，《法鼓全集》
　　第 7 輯第 7 冊，臺北：法鼓文化，2020 紀念版，頁 58。
31 *Frugality: Rebalancing Material and Spiritual Value in Economic Life*,
　　edited by Luk Bouckaert, Hendrik Opdebeeck, Laszlo Zsolnai,
　　2008, Peter Lang AG, International Academic Publishers.

生活，並朝向永續發展的經濟策略。

4. 四安分配

　　佛教經濟體系以「利和同均」為分配制度，乃基於少欲及利他的原則，並以布施為實踐方法，達到和平分配之境界。法師以「四安：安心、安身、安家、安業」的原則，運用在慈善救濟上，正可以達到平等、和諧與利他的「利和同均」分配制度。

　　一九九九年臺灣發生九二一大地震後，法鼓山在主要災區成立「安心服務站」，對受災戶提供長期、持續的服務，協助災區民眾重建。二〇〇一年法鼓山正式成立「法鼓山社會福利慈善事業基金會」，以四安為軸心，落實急難救援與慈善關懷工作。多年來慈基會參與緊急救援，逐步展開三階段式的「四安工程」，工作內容重點如表六：

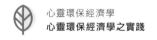

心靈環保經濟學
心靈環保經濟學之實踐

表六 四安工程之工作內容

	階段	工作內容
第一階段	緊急救援： 安心、安身工程	派醫療團到災區，協助醫療及發放各項急需的物資。
第二階段	家園重建： 安心、安家、安業工程	硬體重建，包括：校園、家園、醫院及各種設施重建。
第三階段	心靈重建： 安心、安業工程	心靈的重建、學業的重建以及職業的重建。

資料來源：本研究整理。

　　當重大災難發生時，法鼓山首先是派救援團及醫療團前往災區，並發放急需之物資；盡快設立「安心服務站」，協助災區民眾將身、心安頓下來。接著評估、規畫第二階段家園重建工程，包括校園、家園、醫院及各種設施之重建可行性，同時規畫就業能力之協助與培養。第三階段心靈重建是在第一、二階段逐步上軌道時，提供給災區民眾最重要的服務，協助受到重大心靈創傷的災區民眾們，能逐漸地恢復正常的生活，以及走出傷痛的陰霾。

　　四安重建工程，全賴大眾們的布施，包括善

款、物資、人力、專業、時間、心力等的布施,將
物質及心靈的財富做了最佳的統整及和平的分配。

5. 四感財富

　　主流經濟學所謂的財富,指的是金錢、物質;
經濟體系是建構在可以量化的物質金錢之上,以追
求最大的物質財富為目標。然而,物質財富的累積
並不一定帶來真正的幸福、快樂,反而可能會帶來
煩惱。心靈環保經濟學及佛教經濟學,則探討物質
及心靈的財富,認為心靈的財富才是真正的財富,
能帶給人類真正的幸福快樂,法師說明如下:

　　真正的財富不一定是金錢買得到,真正的財
　　富在於我們內心世界的寬廣、豁達與包容。如
　　能心包宇宙,財富即等同宇宙;如果能以大慈
　　悲心對待一切眾生,一切眾生的財富,就等於
　　是自己的財富了,全宇宙的財富也等於是自家
　　的寶藏了。[32]

　　落實「心五四」經濟生活，正可以「四感：
感恩、感謝、感化、感動」，來對治悉毒，開展慈
悲心、擴大心量。無論遇到任何的境界，都能以
「四感」來包容、化解：「感恩順逆因緣使我們成
長，感謝給我們奉獻服務的機會。用佛法及倫理的
軌範感化自己，以謙虛、尊重、友善的行為感動他
人。」[33]如此，將能成為世上最富足的人了。

三｜當代經濟生活體系比對

　　無論佛陀時代或現代，出家或在家，無論外
在環境如何變遷，追求快樂是不變的人生目標。然
對人生目標 —— 快樂詮釋的不同、就核心問題的
掌握與處理不同，開展了全然不同的經濟思想與實

32　釋聖嚴，《人間世》，《法鼓全集》第 8 輯第 6 冊，臺北：法鼓
　　文化，2020 紀念版，頁 195。

33　釋聖嚴，《自家寶藏 —— 如來藏經語體譯釋》，《法鼓全集》
　　第 7 輯第 7 冊，臺北：法鼓文化，2020 紀念版，頁 57。

踐方式。表七就本文所論述之經濟行為模式,將心靈環保經濟學對照於佛教經濟學及主流的新古典經濟學。

主流經濟學所探討的經濟行為,乃基於追求最大欲望滿足之下的快樂,並僅就資本、物質的層面探討之,朝向物質最大化的方向,消費者追求最大的效用、生產者追求最大的利潤、累積最大的物質財富;經濟活動的過程中,並未涉及人類道德、品質的層面。此物質面向思考模式及價值觀,使得人類無法看清人的身與心之間、人與人之間、人與社會之間、人與自然之間乃息息相關,而不斷地以暴力傷害他人或破壞環境。二十世紀的經濟行為,已造成二十一世紀地球的災難。

心靈環保經濟學則與佛教經濟學一致,均以幫助眾生減少貪欲、增長善欲的經濟行為指導,透過四要消費(正念消費)、四福生產(正命生產)、四安分配(利和同均),而擁有最大的心靈財富。提出心靈環保經濟學或佛教經濟學,則是希望更多

表七 主流經濟學、佛教與心靈環保經濟學之經濟行為模
　　式比較

經濟活動	主流經濟學	佛教經濟學	心靈環保經濟學
核心思想	最適選擇、資本主義	般若主義	心靈環保
人生目標	最大欲望滿足	涅槃、離苦得樂	自己及他人「快樂、平安、健康、幸福」
消費方式	最大化效用（欲望無窮）	正念消費：少欲、知足	四要消費：需要、想要、能要、該要
生產方式	最大化利潤	正命生產：正命、利他	四福生產：知福、惜福、培福、種福
所得分配	均衡	利和同均：利他、布施	四安分配：安心、安身、安家、安業
財產／財富	累積最大資本財富	心靈財富：物質、心靈財富	四感財富：感恩、感謝、感化、感動 物質、心靈財富
時間分配	工作、休閒	工作／義工、修行、休閒／休息	工作／義工、修行、休閒／休息
生活態度／道德價值	合法	戒律、倫理、環保	四它生活：面對它、接受它、處理它、放下它 心六倫、四環

資料來源：本研究整理。

的人能開始體會心與宇宙間的因緣觀，而能思考從心著手來改變經濟觀念、經濟行為的重要性與迫切性。

如同法師在二〇〇六年法鼓山所舉辦的「經濟與環保的創新作為 —— 臺灣青年領袖促進和平論壇」中提出，全球經濟的平衡、發展以及環保問題，必須要回歸到心靈環保，從內心去實踐。並提出心靈環保的衡量方式：「讓自己快樂、平安、健康、幸福，讓他人也能夠快樂、平安、健康、幸福。」[34]故以此為人生的目標，這個目標亦引領大眾走上少欲、利他的經濟生活，朝向涅槃、離苦得樂之方向；此為重視精神層面的快樂，而非資本主義經濟社會追求物質欲望的最大化。

心靈環保經濟學雖採用了現代的語言，實則具與佛教經濟學一致的價值觀，亦可說明心靈環保

---

34 《經濟與環保的創新作為 —— 聖嚴法師與蕭萬長、施振榮、朱雲鵬、張祖恩的對話》，法鼓山智慧隨身書，臺北：財團法人法鼓山文教基金會，2017 年，頁 38。

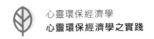
經濟學是以佛教思想為本體，漢傳禪法為法門，指
導大眾以「心五四」為方便，過著「少欲」、「利
他」的「心」經濟生活。[35]

35　徐偉初教授在 2012 年 6 月 3 日聖嚴思想研討會中回應：「對
　　一般經濟學而言，『心靈環保經濟學』直接碰觸到兩個常被正
　　統（orthodox）經濟學忽視的基本議題：1. 設定消費者效用函
　　數時是否應更重視納入『利他原則』（altruism），2. 以及在
　　生產函數中必須加入長期被遺棄的『環境財』（environmental
　　goods）。」

CHAPTER 4

心靈環保經濟學
的時代意義

　　面對全球的經濟、社會、環境局勢及挑戰，聯合國組織提出必須是在兼顧環境下的經濟發展，方能找出實現永續發展（Sustainable Development）之方法[1]。一九八七年聯合國布倫特蘭委員會（United Nations Brundtland Commission）定義「永續」（Sustainable）為：「既滿足當代人的需求，又不損害後代人滿足其需求的能力。」[2]並開始尋求解決方法。

　　二〇一五年聯合國發表《變革我們的世界：二〇三〇年可持續發展議程》（*Transforming our world: the 2030 Agenda for Sustainable Development*）文件，做為行動指引，著眼於人（People）、地球（Planet）、繁榮（Prosperity）、和平（Peace）、夥伴關係（Partnership）等重要關係連結，促使全球團結努力，期盼至二〇三〇年時能夠消除貧窮與

1　參考聯合國永續（Sustainability）網頁：https://www.un.org/en/academic-impact/sustainability。

2　同上。

饑餓，實現尊嚴、公正、包容的和平社會、守護地球環境與人類共榮發展，以確保當代與後世都享有安居樂業的生活。同時宣布「二〇三〇永續發展目標」（Sustainable Development Goals, SDGs），包含十七項目標（Goals）及一六九項細項目標（Targets）[3]。

二〇一六年斯德哥爾摩韌性中心（Stockholm Resilience Centre）前中心主任約翰・洛克史托姆（Johan Rockström）及帕萬・蘇克德夫（Pavan Sukhdev）發表一個新的視角審視永續目標與經濟（Economy）、社會（Society）、環境（生物圈，Biosphere）三個面向的關聯性，採用立體結婚蛋糕模型來呈現，如圖四及表八。[4]

3　參考行政院國家永續發展委員會網頁：https://ncsd.ndc.gov.tw/Fore/AboutSDG。

4　參考斯德哥爾摩韌性中心網站："A new way of viewing the Sustainable Development Goals and how they are all linked to food"。https://www.stockholmresilience.org/research/research-news/2016-06-14-the-sdgs-wedding-cake.html。

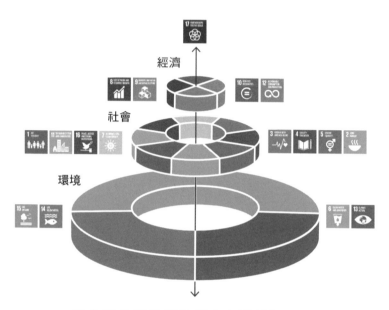

圖四 聯合國永續發展目標之立體結婚蛋糕模型[5]

　　此模式說明以環境為基礎，「社會」和「經濟」都建立在「環境」之上，顯示了是生態環境在支撐著人類的社會和經濟，將 SDGs 的目標串連起來，用視覺化的方式展現了「環境保護」的重要性。此外，探討人與人、人與社會、人與自然環境

5　資料來源同上。

表八 聯合國永續發展目標之立體結婚蛋糕模型

層次分類	聯合國永續發展目標SDGs
總體	SDG17「永續發展夥伴關係」
經濟	SDG8「就業與經濟成長」、SDG9「永續工業與基礎建設」、SDG10「消弭不平等」、SDG12「責任消費與生產」
社會	SDG1「消除貧窮」、SDG2「終結飢餓」、SDG3「健康與福祉」、SDG4「優質教育」、SDG5「性別平等」、SDG7「可負擔的永續能源」、SDG11「永續城鄉」、SDG16「制度的正義與和平」
環境	SDG6「淨水與衛生」、SDG13「氣候行動」、SDG14「永續海洋與保育」、SDG15「陸域生態」

資料來源：斯德哥爾摩韌性中心網站。

關係的「倫理」議題，亦貫串於十七項目標之中。

當全球各國正積極地推動永續發展目標（SDGs）時，很值得檢視心靈環保經濟行為對達成此目標的影響。法師以心靈環保為核心，建設人間淨土之理念，是通過思想的淨化、心靈的淨化、行為的淨化，以聚沙成塔、滴水穿石的逐步努力，來完成社會環境的淨化和自然環境的淨化。此透過內在轉化而改變身口行為，是先由內改變人的價值觀、信念，再改變外在的行為，更具深度的永續發

展過程。

　本章從經濟思想與生活實踐之論述，試圖總結
出「心靈環保」對當代「倫理」、「環保」及「永
續發展」的影響與意義，包含「心六倫」與「四種
環保」之職場倫理／禮儀環保、生活倫理／生活環
保、自然倫理／自然環保。實踐三種倫理／環保，
並不僅是道德規範的建立，還必須涉及態度的轉變
或心的轉化，法師因而稱之為「心」的倫理。心倫
理的轉化，形成行為的改變，正是朝向人間淨土／
永續發展之實踐。

一｜職場倫理／禮儀環保

　職場倫理涵蓋當今備受矚目的經濟倫理、企
業倫理、市場倫理等議題，並可融合禮儀環保之精
神；亦即包含了人與人之間、人與商品或服務之間
的關係。如同《市場中之正念：慈悲回應消費主
義》（*Mindfulness in the Marketplace: Compassionate*

Response to Consumerism, 2002）一書，探討消費主
義引發的問題，並主張隨時隨地維持正念消費，自
會減少身、心、環境的負擔，使心淨化、單純，生
活得更平安、快樂[6]。「心五四」的經濟生活，正
可以引導大眾在市場上練習四要消費、四福生產、
四安分配、四感財富，而達到「正念消費」、「正
命生產」、「利和同均」，並獲得豐富的「心靈財
富」。此外，禮儀環保不僅是在職場上人與人互動
之間的禮儀有度，也強調各種消費行為的簡約、樸
實；可融入各項經濟活動。例如，法鼓山提倡的佛
化婚禮、聯合祝壽、佛化奠祭、自然植存等，均是
重視倫理與環保的活動。

　　就職場中，對於工作的態度而言，修馬克認
為是：1. 提供人類一個利用及開發其才能的機會；
2. 藉由與他人共同進行一項任務而去我執；3. 為適
當的存在帶來所需的物品及勞務。法師也提到，一

6　Allan Hunt Badiner edited, *Mindfulness in the Marketplace:
Compassionate Response to Consumerism,* Parllax Press, 2002.

是為磨鍊自己而工作，二是有利他人就是好工作，三是工作好修行。換言之，工作最主要的目的在於奉獻、修行、開發潛能。此種工作態度，亦能帶給職場良好的倫理與適度的禮儀。

而在全球經濟景氣低迷、失業率增高的情況下，法師提出面對失業，應做心理調適，首先將失業的逆境視為助緣，是一種重新出發的契機，並給予自己一個希望，不向命運妥協。在態度上，則應務實地嘗試任何正當的工作，無論是以勞力、腦力，或技術維生；暫時還未能找到適當的工作時，可先到非營利組織、道場當義工，培養不同的工作能力，也廣結善緣。更重要的是要過著簡樸、節約的生活，將生活支出降到最低，以度過難關。

從上述探討，四要消費、四福生產直接有助於SDG12「責任消費與生產」之達成，以及間接影響SDG6「淨水與衛生」、SDG7「可負擔的永續能源」。四安分配的運作與SDG10「消弭不平等」相關，各種經濟行為可就SDG13「氣候行動」貢

獻，失業的心態觀念及行動則回應 SDG8「就業與
經濟成長」。

二｜生活倫理／生活環保

心靈環保的生活形態可以很輕易地與生活倫理
相應，這意味著：

> 生活，是指一個人生命的活動，包括食、
> 衣、住、行等各種面向，最低限度則是呼吸。
> 而生活倫理的主體價值是節約、簡樸、少浪
> 費，能不浪費就更好了。……
>
> 生活倫理的落實，除了從我們每一個人開
> 始，珍惜善用生活中的各種資源外，也要對環
> 境給予愛護和尊重，給自己方便，也要尊重其
> 他使用者的權益。[7]

7　釋聖嚴，《心六倫》，法鼓山文教基金會，2019 年，頁 21-23。

　　由此，法師教導大家隨時隨地於生活當中實踐環保，呼籲每個人都能過著簡樸、整潔、節約的生活，透過「四要」的需要、想要思惟及「四福」的惜福作為，從用水、用電、用油等生活點滴落實；生活環保的行動，一方面替自己惜福，同時也是為後代子孫著想。法鼓山不斷地透過一些活動及理念的宣導來落實生活倫理及環保，例如：充分利用大眾交通工具、垃圾分類分級、資源回收、廢棄物再利用、避免製造噪音，亦推廣環保餐具、環保購物袋、兒童玩具及書籍交換等，來珍惜並分享我們有限的資源。

　　生活倫理、生活環保的落實，朝向 SDG12「責任消費與生產」、SDG13「氣候行動」、SDG9「永續工業與基礎建設」的達成，對於 SDG6「淨水與衛生」、SDG11「永續城鄉」均可產生直接性與間接性的正向影響。

三｜自然倫理／自然環保

以一種自然、儉樸的方式生活，即是在遵循自然倫理。這指的是以「四福」來保護及保育自然環境的倫理原則，將有助於維護自然生態系統，如法師所言：

> 自然倫理的關懷主體是自然生態，包括生物與非生物的資源和環境。非生物的資源，例如金屬、石油、煤等礦藏，雖不是生命，但與生態有關。因此，這裡所說的自然倫理關懷，除了直接保護有機生態之外，還包括間接保持各種資源之間的平衡與永續，凡是自然界的一草一木、一塊石頭，都跟人類的生存有關，人類使用它們，就應該珍惜它們、保護它們。[8]

---

8 釋聖嚴，《心六倫》，法鼓山文教基金會，2019，頁 36-37。

我們應該透過我們的行動，像是少砍樹、多種樹、美化環境、保護水資源及重視水土保持等，正是朝向 SDG6「淨水與衛生」、SDG13「氣候行動」、SDG14「永續海洋與保育」、SDG15「陸域生態」目標前進，來珍惜我們唯一且僅有的地球。

四│人間淨土／永續發展

聯合國永續發展目標（SDGs）與心靈環保之關係，李啟華已作了分析[9]，本文則是從心靈環保經濟學的面向，探討「心五四」的經濟行為，對達成 SDGs 的影響，如表九。

心靈環保經濟體系是以心靈環保為核心，透過法鼓山大學院、大普化、大關懷三大教育的系統推動，涵蓋不同性別、年齡層、種族、族群，落實

9　參考李啟華，〈心靈環保、企業社會責任與公司揭露與實踐永續發展目標之影響因素〉，《聖嚴研究》第十三輯，臺北：法鼓文化，2020 年，頁 365-408。

表九 心靈環保經濟學與聯合國永續發展目標

經濟活動	心靈環保經濟學	聯合國永續發展目標 SDGs
核心思想	心靈環保	永續發展、SDG4
人生目標	自己及他人「快樂、平安、健康、幸福」	永續發展
消費方式	四要消費： 需要、想要、能要、該要	經濟－SDG12 社會－SDG7 環境－SDG6、SDG13、SDG14、SDG15
生產方式	四福生產： 知福、惜福、培福、種福	經濟－SDG12、SDG9 社會－SDG2、SDG7 環境－SDG6、SDG13
所得分配	四安分配： 安心、安身、安家、安業	經濟－SDG8、SDG10 社會－SDG1、SDG2、SDG3
財產／財富	四感財富： 感恩、感謝、感化、感動 物質、心靈財富	整體－SDG17 經濟－SDG10 社會－SDG1、SDG4
時間分配	工作／義工、修行、休閒／休息	經濟－SDG8
生活態度／道德價值	四它生活： 面對它、接受它、處理它、放下它	整體－SDG17 經濟－SDG10 社會－SDG3、SDG4、SDG5
	心六倫、四環： 職場倫理／禮儀環保 生活倫理／生活環保 自然倫理／自然環保	經濟－SDG8 社會－SDG3、SDG4、SDG11 環境－SDG14、SDG15

資料來源：本研究整理。

「確保有教無類、公平以及高品質的教育,及提倡終身學習」的 SDG4 優質教育。

　　心靈環保的經濟行為,乃基於將心之貪欲轉化為善欲;亦即改變人的價值觀,從自私轉而利他。不再停留在消費者追求最大需求滿足、廠商追求最大利潤,而是有更整體性覺照的經濟行為,自然地關照社會層面及環境生態面向,各種面向交互影響,逐漸帶動永續目標的達成。就消費行為而言,四要消費選擇生態保育、環境保護、綠能開發的產品,可直接達成經濟面向 SDG12 責任的消費,同時可達成社會面向之 SDG7 確保所有人均可取得可負擔的永續能源。更間接擴及環境面向之目標 SDG6 確保所有人都能享有水、衛生及其永續管理、SDG13 氣候變遷的行動方案、SDG14 永續海洋與保育、SDG15 陸域生態。

　　從生產的角度,四福生產者將負起企業社會責任,或投入有利生態環境的生產資源,或致力於永續的創新產品,將影響的永續發展目標包括:

經濟面向之 SDG12 責任的生產及建立具有韌性的基礎建設，促進包容且永續的工業，並加速創新之 SDG9。社會面向朝向「消除飢餓、達成糧食安全，改善營養及促進永續農業」之 SDG2 及 SDG7 確保所有的人都可取得負擔得起、可靠、永續及現代的能源供應可負擔的永續能源；並擴及 SDG6 淨水與衛生及 SDG13 氣候變遷之行動方案。

就四安分配、四感財富、工作與修行之時間分配、四它生活態度及心六倫／四環之道德價值，可以達成經濟層面之 SDG8 就業與經濟成長、SDG10 消弭不平等。社會層面，國際間的援助有助於 SDG1 消除貧窮及 SDG2 終結飢餓，解決世界的糧食不足問題；SDG3 健康與福祉，可促成各年齡層的福祉；SDG4 優質教育，推動各地區公正、平等之終身學習機會；SDG5 性別平等，實現性別平等及賦予婦女權力及 SDG11 永續城鄉，建構包容、安全、韌性及永續特質的城市與鄉村。環境層面，自然倫理、自然環保則是 SDG13 氣候變遷行動方

162

案，有助於 SDG14 永續海洋與保育、SDG15 陸域
生態保護，遏止生物多樣性的喪失。四它生活更是
整體 SDG17 永續發展夥伴關係，即透過全球夥伴
關係強化永續發展執行方法及活化永續發展的重要
途徑。

　　總體而言，本書是以直探當今世界經濟活動
的根源：心之「欲望」，而開展之心靈環保經濟
學。由於人類對物質生活的貪欲，導致人的身心之
間、人與人之間、人與社會之間、人與自然之間的
種種衝突而形成生死流轉之苦。二十世紀以來，主
流經濟學所探討的範圍，是在有限的物質及時間資
源下，為滿足無窮的欲望，所做的經濟行為選擇；
卻忽略了經濟行為對身心、社會、環境所產生的問
題，也是導致今日世界性災難的關鍵。面對當前的
局面，聖嚴法師提出蘊含著佛法思想與禪修方法的
「心靈環保」理念，並提出二十一世紀的生活主
張 ── 心五四運動。本書論述以解決困境之「四
它」，來因應世界經濟情勢的不安；以對治貪欲之

「四要」，來引導少欲知足的生活智慧；以增長善
欲之「四福」，來開發利他的慈悲行；以和平分配
之「四安」，來消彌世間的貧富不均；以開闊心量
之「四感」，來增長世人的心靈財富。心靈環保經
濟學是從「心」出發的經濟學，幫助人類由自私的
貪欲轉向無我的利他，所提倡的觀念與心法，涵蓋
人的身心、家庭、社會、環境之平衡，足以使世界
朝向心靈富足、環境永續、及社會和諧的方向發
展，達到真正的「快樂、平安、健康、幸福」，實
踐「提昇人的品質，建設人間淨土」理念，更深化
聯合國之永續發展目標，正是二十一世紀的契機。

附錄

附表— 聯合國十七項永續發展目標（SDGs）

目標	內容
SDG1 No Poverty 消除貧窮	End poverty in all its forms everywhere. 消除各地一切形式的貧困。
SDG2 Zero Hunger 終結飢餓	End hunger, achieve food security and improved nutrition and promote sustainable agriculture. 消除飢餓、達成糧食安全，改善營養及促進永續農業。
SDG 3 Good Health and Well-Being 健康與福祉	Ensure healthy lives and promote well-being for all at all ages. 確保健康及促進各年齡層的福祉。
SDG 4 Quality Education 優質教育	Ensure inclusive and equitable quality education and promote lifelong learning opportunities for all. 確保有教無類、公平以及高品質的教育，及提倡終身學習。
SDG 5 Gender Equality 性別平等	Achieve gender equality and empower all women and girls. 實現性別平等，並賦予婦女權力。
SDG 6 Clean Water and Sanitation 淨水與衛生	Ensure availability and sustainable management of water and sanitation for all. 確保所有人都能享有水、衛生及其永續管理。

（續）

目標	內容
SDG 7 Affordable and Clean Energy 可負擔的永續能 源	Ensure access to affordable, reliable, sustainable and modern energy for all.
	確保所有的人都可取得負擔得起、可靠、永續及現代的能源。
SDG8 Decent Work and Economic Growth 就業與經濟成長	Promote sustained, inclusive and sustainable economic growth, full and productive employment and decent work for all.
	促進包容且永續的經濟成長,達到全面且生產力的就業,讓每一個人都有一份好工作。
SDG9 Industry, Innovation and Infrastructure 永續工業與基礎 建設	Build resilient infrastructure, promote inclusive and sustainable industrialization and foster innovation.
	建立具有韌性的基礎建設,促進包容且永續的工業,並加速創新。
SDG10 Reduced Inequalities 消弭不平等	Reduce inequality within and among countries.
	減少國內及國家間的不平等。
SDG11 Sustainable Cities and Communities 永續城鄉	Make cities and human settlements inclusive, safe, resilient and sustainable.
	建構具包容、安全、韌性及永續特質的城市與鄉村。
SDG12 Responsible Consumption and Production 責任消費與生產	Ensure sustainable consumption and production patterns.
	確保永續的消費與生產模式。

(續)

目標	內容
SDG13 Climate Action 氣候行動	Take urgent action to combat climate change and its impacts.
	採取緊急措施以因應氣候變遷及其影響。
SDG14 Life Below Water 永續海洋與保育	Conserve and sustainably use the oceans, seas and marine resources for sustainable development.
	保護和永續利用海洋和海洋資源，促進永續發展。
SDG15 Life on Land 陸域生態	Protect, restore and promote sustainable use of terrestrial ecosystems, sustainably manage forests, combat desertification, and halt and reverse land degradation and halt biodiversity loss.
	保護、維護及促進領地生態系統的永續使用，永續的管理森林，對抗沙漠化，終止及逆轉土地劣化，並遏止生物多樣性的喪失。
SDG16 Peace, Justice and Strong Institutions 制度的正義與和平	Promote peaceful and inclusive societies for sustainable development, provide access to justice for all and build effective, accountable and inclusive institutions at all levels.
	促進和平且包容的社會，以落實永續發展；提供司法管道給所有人；在所有階層建立有效的、負責的且包容的制度。
SDG17 Partnerships for the Goals 永續發展夥伴關係	Strengthen the means of implementation and revitalize the Global Partnership for Sustainable Development.
	強化永續發展執行方法及活化永續發展全球夥伴關係。

資料來源：聯合國經濟及社會事務部永續發展網站 https://sdgs.un.org/goals 及 https://globalgoals.tw/。

附表二 法鼓山的理念體系

項目		內容
使命		以心靈環保為核心，弘揚漢傳禪佛教，透過三大教育，達到世界淨化。
共識	理念	提昇人的品質，建設人間淨土。
	精神	奉獻我們自己，成就社會大眾。
	方針	回歸佛陀本懷，推動世界淨化。
	方法	提倡全面教育，落實整體關懷。
方法	三大教育	大學院教育、大普化教育、大關懷教育。
實踐	四種環保	心靈環保、禮儀環保、生活環保、自然環保。
	心五四	四安：安心、安身、安家、安業。 四它：面對它、接受它、處理它、放下它。 四要：需要、想要、能要、該要。 四感：感恩、感謝、感化、感動。 四福：知福、惜福、培福、種福。
	心六倫	職場倫理、校園倫理、生活倫理、自然倫理、家庭倫理、族群倫理。
	四眾佛子共勉語	信佛學法敬僧，三寶萬世明燈； 提昇人的品質，建設人間淨土。 知恩報恩為先，利人便是利己； 盡心盡力第一，不爭你我多少。 慈悲沒有敵人，智慧不起煩惱； 忙人時間最多，勤勞健康最好。 為了廣種福田，那怕任怨任勞； 布施的人有福，行善的人快樂。 時時心有法喜，念念不離禪悅； 處處觀音菩薩，聲聲阿彌陀佛。

資料來源：本研究整理。

參考文獻

佛教藏經或原典文獻

1. 《長阿含經》卷 11，CBETA, T01, no. 1。

2. 《中阿含經》卷 5〈舍梨子相應品〉，CBETA, T01, no. 26。

3. 《中阿含經》卷 56〈晡利多品 3〉，CBETA, T01, no. 26。

4. 《雜阿含經》卷 42，CBETA, T02, no. 99。

5. 《增一阿含經》卷 1〈序品 1〉，CBETA, T02, no. 125。

6. 《大般涅槃經》卷 38〈迦葉菩薩品 12〉，CBETA, T12, no. 374。

7. 《佛垂般涅槃略說教誡經》，CBETA, T12, no. 389。

8. 《維摩詰所說經》卷 1〈佛國品 1〉，CBETA, T14, no. 475。

9. 《維摩詰所說經》卷 1〈菩薩品 4〉，CBETA,

T14, no. 475。

10. 《摩訶僧祇律》，CBETA, T22, no. 1425。

11. 《四分律》，CBETA, T22, no. 1428。

12. 《十誦律》，CBETA, T23, no.1435。

13. 《瑜伽師地論》卷 88，CBETA, T30, no. 1579。

14. 《新華嚴經論》卷 1，CBETA, T36, no. 1739。

15. 《摩訶止觀》卷 5，CBETA, T46, no. 1911。

16. 《六祖大師法寶壇經》卷 1，CBETA, T48, no. 2008。

17. 《宗鏡錄》卷 1，CBETA, T48, no. 2016。

18. 《華嚴經合論》卷 2，CBETA, X04, no. 223。

19. 《達摩大師悟性論》，CBETA, X63, no. 1219。

20. 《漢譯南傳大藏經》，臺灣元亨寺版。

21. *Tipitaka: The Pali Canon,* 2012. http://www.accesstoinsight.org/tipitaka/index.html.

聖嚴法師專書、論文

《法鼓全集》2020 紀念版參考書目

1. 《明末佛教研究》，《法鼓全集》第 1 輯第 1 冊。

2. 《戒律學綱要》，《法鼓全集》第 1 輯第 3 冊。

3. 《印度佛教史》，《法鼓全集》第 2 輯第 1 冊。

4. 《教育‧文化‧文學》，《法鼓全集》第 3 輯第 3 冊。

5. 《書序》，《法鼓全集》第 3 輯第 5 冊。

6. 《禪與悟》，《法鼓全集》第 4 輯第 6 冊。

7. 《禪鑰》，《法鼓全集》第 4 輯第 9 冊。

8. 《禪門》，《法鼓全集》第 4 輯第 10 冊。

9. 《神會禪師的悟境》，《法鼓全集》第 4 輯第 14 冊。

10. 《佛教入門》，《法鼓全集》第 5 輯第 1 冊。

11. 《漢傳佛教的智慧生活》（修訂版），《法鼓全集》第 5 輯第 8 冊之一。

12. 《佛法的知見與修行》，《法鼓全集》，第 5

輯第 8 冊之二。

13. 《兩千年行腳》，《法鼓全集》第 6 輯第 11 冊。

14. 《抱疾遊高峰》，《法鼓全集》第 6 輯第 12 冊。

15. 《聖嚴法師學思歷程》，《法鼓全集》第 6 輯第 15 冊。

16. 《美好的晚年》，《法鼓全集》第 6 輯第 16 冊。

17. 《福慧自在 —— 金剛經講記與金剛經生活》，《法鼓全集》第 7 輯第 2 冊。

18. 《修行在紅塵 —— 維摩經六講》，《法鼓全集》第 7 輯第 3 冊。

19. 《自家寶藏 —— 如來藏經語體譯釋》，《法鼓全集》第 7 輯第 7 冊。

20. 《三十七道品講記》，《法鼓全集》第 7 輯第 11 冊。

21. 《平安的人間》，《法鼓全集》，第 8 輯第 4

冊之二。

22. 《人間世》，《法鼓全集》第 8 輯第 6 冊。

23. 《工作好修行 —— 聖嚴法師的 38 則職場智慧》，《法鼓全集》第 8 輯第 13 冊。

24. 《法鼓山的方向：理念》，《法鼓全集》第 9 輯第 1 冊。

25. 《法鼓山的方向：關懷》，《法鼓全集》第 9 輯第 4 冊。

26. 《承先啟後的中華禪法鼓宗》，《法鼓全集》第 9 輯第 7 冊。

27. 《人間淨土》，《法鼓全集》第 9 輯第 8 冊。

28. 《法鼓道風》，《法鼓全集》第 9 輯第 12 冊。

法鼓山智慧隨身書系列

29. 《心靈環保：法鼓山的核心主軸》，「法鼓法音 1」，臺北：財團法人法鼓山文教基金會。

30. 《四種環保：法鼓山的實踐》，「法鼓法音 3」，臺北：財團法人法鼓山文教基金會。

31. 《心五四運動：法鼓山的行動方針》，「法鼓法音 4」，臺北：財團法人法鼓山文教基金會。

32. 《心六倫：法鼓山的新時代倫理觀》，「法鼓法音 7」，臺北：財團法人法鼓山文教基金會。

33. 《經濟與環保的創新作為 ── 聖嚴法師與蕭萬長、施振榮、朱雲鵬、張祖恩的對話》，「智慧對話 4-14」，臺北：財團法人法鼓山文教基金會。

34. 《建立全球倫理 ── 聖嚴法師宗教和平講錄》，「心靈成長 3-6」，臺北：財團法人法鼓山文教基金會。

其他著作

35. 釋聖嚴，《好心‧好世界》，臺北：法鼓文化，2012 年。

中、英文專書、論文

1. 李佳靜，〈早期佛教僧團管理的經濟制度 —— 利和同均〉，《宗教學研究》第 2 期，成都：四川大學道教與宗教文化研究所，2006 年 6 月，頁 183-188。

2. 林其賢編撰，《聖嚴法師年譜》，臺北：法鼓文化，2016 年。

3. 林朝成，〈消費倫理與佛教新戒律〉，《第一屆應用倫理學術會議：宗教哲學與環境倫理》，新竹：玄奘大學，2005 年。

4. 吳永猛，《中國佛教經濟發展之研究》，臺北：文津出版社，1975 年。

5. 吳永猛，〈佛教經濟研究的回顧〉，《華岡佛學學報》卷 4，臺北：中華學術院佛學研究所，1980 年，頁 274-283。

6. 高明道，〈從善法欲談起〉，國立臺灣大學數位學習圖書館。http://enlight.lib.ntu.edu.tw/FULLTEXT/JR-BJ013/bj013372537.pdf，2012 年 5

月 31 日。

7. 陳兵，〈佛教的人生欲望觀〉，《禪》第 4 期、 第 5 期，2001 年。http://chan.bailinsi.net/ 2001/4/2001405.htm，2023 年 8 月 18 日。

8. 黃建森，〈佛教觀點的經濟財富思考模式 —— 淨土五經啟示錄〉，《信用合作季刊》第 86 期，2005 年，頁 16-24。

9. 黃建森，〈佛教觀點的經濟財富思考模式 —— 因果經啟示錄〉，《信用合作季刊》第 87 期，2006 年，頁 30-37。

10. 黃建森，〈達賴喇嘛禪思 365 中之經濟思維〉，《信用合作季刊》第 96 期，2008 年，頁 26-36。

11. 黃建森，〈金剛經中含經濟財富思惟之研究 —— 佛學與經濟學之對話〉，《信用合作季刊》第 108 期，2011 年，頁 3-11。

12. 黃建森，〈佛教經濟財富思維之研究 —— 聖嚴法師與星雲法師觀點試析〉，《信用合作季

刊》第 113 期，2012 年，頁 13-20。

13. 菩提比丘著、何蕙儀譯，〈佛教對經濟與社會發展的態度〉，《香光莊嚴》第 104 期，2011 年。http://www.gaya.org.tw/magazine/article.php?aid=98，2012 年 5 月 31 日。

14. 張李麗玲，《初期佛教財富觀研究》，嘉義：南華大學宗教學研究所碩士論文，2010 年。

15. 張曼濤編，《佛教經濟研究論集》，臺北：大乘文化出版社，1978 年。

16. 楊曾文，〈永明延壽的心性論〉，《中華佛學學報》第 13 期，臺北：中華佛學研究所，2000 年 7 月，頁 457-477。

17. 辜琮瑜，《聖嚴法師心靈環保學意義與開展》，臺北：法鼓文化，2022 年。

18. 聖嚴教育基金會學術研究部編，《聖嚴研究》第二輯，臺北：法鼓文化，2011 年。

19. 《聖嚴研究》第六輯，臺北：法鼓文化，2015 年。

20. 《聖嚴研究》第九輯，臺北：法鼓文化，
　　2017 年。

21. 《聖嚴研究》第十輯，臺北：法鼓文化，
　　2018 年。

22. 《聖嚴研究》第十二輯，臺北：法鼓文化，
　　2019 年。

23. 《聖嚴研究》第十三輯，臺北：法鼓文化，
　　2020 年。

24. 《聖嚴研究》第十五輯，臺北：法鼓文化，
　　2022 年。

25. 廖明活，《中國佛性思想的形成和開展》，臺
　　北：文津出版社，2008 年。

26. 嚴文志，《達賴喇嘛經濟思維之研究》，桃
　　園：銘傳大學經濟系碩士在職專班碩士論文，
　　2010 年。

27. 釋印順，《學佛三要》，《妙雲集 15》，臺
　　北：正聞出版社，1992 年。

28. 釋星雲，《佛教對「經濟問題」的看法》，

「人間佛教小叢刊 22 —— 當代佛教問題紀實座談 11」，臺北：香海文化，2006 年。

29. 釋淨因，〈論佛教的財富觀〉，《法音》第 1期、第 4 期、第 6 期，1993 年。https://www.chinabuddhism.com.cn/fayin/dharma/9301/199301015001.htm，2023 年 8 月 18 日。

30. 釋會靖中譯，釋聖嚴著，《明末中國佛教之研究》，臺北：法鼓文化，2009 年。

31. 釋繼雄，〈初期佛教的經濟倫理〉，《諦觀》第 78 期，1994 年，頁 23-67。

32. Badiner, Allan Hunt edited, *Mindfulness in the Marketplace: Compassionate Responses to Consumerism*, Parallax Press, 2002.

33. Bouckaert, Luk and Hendrik Opdebeeck, Laszlo Zsolnai, *Fruality: Rebalancing Material and Spiritual Value in Economic Life*, Peter Lang AG, International Academic Publishers, 2008.

34. Brown, Clair, *Buddhist Economics: An Enlightened*

Approach to the Dismal Science, New York: Bloomsbury Press, 2017.

35. Calkins, Peter and Anh-Thu Ngo, "Theravada Macroeconomics", Institute for Sufficiency Economy and Promotion, Chiang Mai University, Thailand, working paper, Jan. 2, 2010. http://buddhist-economics.info/papers/Calkins.pdf, 2012.05.31.

36. Guruge, Ananda W.P., *Buddhist Economics – Myth and Reality*, Hsi Lai Journal of Humanistic Buddhism, vol. 7, University of the West, 2006.

37. Harvey, Peter, *An Introduction to Buddhist Ethics*, U.K., Cambridge University Press, 2000.

38. Inoue, Shinichi, Translated by Duncan Ryuken Williams, *Putting Buddhism to Work: A New Approach to Management and Business*, Kodansha International LTD, 1997.

39. Magnuson, Joel, *Mindful Economics: How the U.S. Economy Works, Why it Matters, and How it Could*

Be Different, New York: Seven Stories Press, 2008.

40. Magnuson, Joel, *From Greed to Wellbeing: A Buddhist Approach to Resolving Our Economic and Financial Crises*, University of Bristol Press/Policy Press, 2016.

41. Magnuson, Joel, *The Dharma and Socially Engaged Buddhist Economics*, Palgrave Macmillan, 2022.

42. Payne, Richard K. edited, *How Much is Enough?: Buddhism, Consumerism, and the Human Environment*, MA: Wisdom Publication, 2010.

43. Payutto, Prayudh A., Translated by Dhammavijaya and Bruce Evans, *Buddhist Economics: A Middle Way for the Market Place,* Bangkok: Buddhadamma Foundation Publications, 1994. (First Printed as *Buddhist Economics*, 1992; Second Edition: Revised and Enlarged, 1994) http://www.urbandharma.org/pdf/Buddhist_Economics.pdf, 2012.04.30.

44. Piboolsravut, Priyanut, *An Outline of Buddhist Economic Theory and System*, Thesis of Ph. D.

degree, Department of Economics, Simon Fraser University, 1997.

45. Puntasen, Apichai, *Buddhist Economics: Evolution, Theories and Its Application to Various Economic Subjects*, 2008. A translated version of selected chapters from Thai original (3rd Ed.), Bangkok: Amarin Press, 2004. (First published in 2001.) https://www.scribd.com/document/18148739/Buddhist-economics, 2023.08.18.

46. Schumacher, E. F., *Small Is Beautiful: Economics as if People Mattered,* London, Blond & Briggs Ltd; First Harper Perennial edition published 2010, 1973.

47. Sivaraksa, Sulak, *The Wisdom of Sustainability: Buddhist Economics for the 21st Century*, Kihei, Hawaii: Koa Books, 2009.

48. United Nations, *World Economic Situation and Prospects 2023*, New York, 2023. https://desapublications.un.org/publications/world-economic-

situation-and-prospects-2023, 2023.01.28.

49. Ven. Bhikshuni Wu Yin, *Choosing Simplicity: A Commentary on the Bhikshuni Pratimoksha*, Ithaca, New York: Snow Lion Publications, 2001.

50. Wiese, Harald, "Moderation, Contentment, Work, and Alms – a Buddhist Household Theory", *Journal of Socio-Economics*, Volume 40, Issue 6, December 2011, pp. 909-918.

51. Woo, K I, "Buddhist Economics – From Schumacher to Payutto", *GH Bank Housing Journal*, Published by Governmental Housing Bank, Thailand.

52. Yu, Jimmy, *Reimagining Chan Buddhism: Sheng Yen and the Creation of Dharma Drum Lineage of Chan*, New York: Routledge, 2022.

53. Zsolnai, Laszlo, "Buddhist Economics for Business.", in *Ethical Prospects: Economy, Society and Environment*, eds. Laszlo Zsolnai, Zsolt Boda, and Laszlo Fekete, Springer, 2009.

般若方程式 [11]

心靈環保經濟學（增訂版）

PSE Ecomemics

著者	釋果光
出版	法鼓文化
總監	釋果賢
總編輯	陳重光
編輯	李金瑛
封面設計	化外設計
內頁美編	小工
地址	臺北市北投區公館路186號5樓
電話	(02)2893-4646
傳真	(02)2896-0731
網址	http://www.ddc.com.tw
E-mail	market@ddc.com.tw
讀者服務專線	(02)2896-1600
初版一刷	2014年2月
增訂版一刷	2023年10月
建議售價	新臺幣240元
郵撥帳號	50013371
戶名	財團法人法鼓山文教基金會—法鼓文化
北美經銷處	紐約東初禪寺
	Chan Meditation Center (New York, USA)
	Tel: (718)592-6593　E-mail: chancenter@gmail.com

法鼓文化

國家圖書館出版品預行編目資料

心靈環保經濟學 / 釋果光著. -- 二版. -- 臺北
市：法鼓文化, 2023.10
　　面；　公分
　　ISBN 978-626-7345-06-1（平裝）

1. CST: 佛教 2. CST: 經濟學 3. CST: 佛教修持

220.16　　　　　　　　　　　112013730